KATALOG DER DEUTSCHSPRACHIGEN ILLUSTRIERTEN
HANDSCHRIFTEN DES MITTELALTERS

BAND 4/2

VERÖFFENTLICHUNGEN DER KOMMISSION FÜR DEUTSCHE
LITERATUR DES MITTELALTERS DER BAYERISCHEN
AKADEMIE DER WISSENSCHAFTEN

HERAUSGEGEBEN VON DER
KOMMISSION FÜR DEUTSCHE LITERATUR DES MITTELALTERS
DER BAYERISCHEN AKADEMIE DER WISSENSCHAFTEN

IN KOMMISSION BEIM VERLAG C. H. BECK MÜNCHEN
MÜNCHEN 2010

KATALOG
DER DEUTSCHSPRACHIGEN
ILLUSTRIERTEN HANDSCHRIFTEN
DES MITTELALTERS

Begonnen von
HELLA FRÜHMORGEN-VOSS †
und NORBERT H. OTT

Band 4/2

Herausgegeben von
ULRIKE BODEMANN, PETER SCHMIDT
und CHRISTINE STÖLLINGER-LÖSER

38. Fecht- und Ringbücher –
42. Konrad von Stoffeln, ›Gauriel von Muntabel‹

IN KOMMISSION BEIM VERLAG C. H. BECK MÜNCHEN
MÜNCHEN 2010

Erscheinungsdaten der Lieferungen:
Lieferung 1–2 (S. 1–144): 2008
Lieferung 3–4 (S. 145–512): 2009
Lieferung 5 (S. 513–633): 2010

Das Vorhaben »Deutsche Literatur des Mittelalters: Katalog der
deutschsprachigen illustrierten Handschriften des Mittelalters«
wurde im Rahmen des Akademieprogramms von der
Bundesrepublik Deutschland und vom Freistaat Bayern gefördert.
Für zusätzliche Forschungsförderung und Drucklegungszuschüsse danken
wir der Karl Thiemig-Stiftung, München, der Fritz Thyssen-Stiftung, Köln
und Heribert Tenschert, Ramsen

ISBN 978 3 7696 0948 6

Inhalt

Katalog

Anhang

KATALOG

40. ›Flore und Blanscheflur‹

Nahezu alle Literaturen des europäischen Mittelalters erzählen die Geschichte von der Liebe zwischen Flore und Blanscheflur. Vielleicht arabischen Ursprungs, nimmt die abendländische Rezeption des Stoffs ihren Ausgang zu unbekanntem Zeitpunkt in Frankreich oder Spanien (GRIEVE [1997] S. 13–50) und spaltet mit den französischen Bearbeitungen des 12. Jahrhunderts die zwei großen Linien der Version I (»aristocratique«) und II (»populaire«) ab, die sich von dort durch ganz Europa verbreiten. Eine erste deutsche Bearbeitung, der um 1170 entstandene ›Trierer Floyris‹, ist nur fragmentarisch erhalten; im frühen 13. Jahrhundert jedoch beginnt die Überlieferung eines etwa um diese Zeit entstandenen, in der zeitgenössischen Literatur Konrad Fleck zugewiesenen umfangreichen deutschen ›Flore‹-Romans. Illustrationen des Erzählstoffs sind – zunächst im französischen Raum – seit der 2. Hälfte des 14. Jahrhunderts in Handschriften bezeugt und setzten sich in den verschiedenen Volkssprachen auch in die Druckzeit durch. Für die deutsche Tradition sind beide Bereiche voneinander zu trennen.

Darauf, daß die hochmittelalterliche Überlieferung des deutschen ›Flore‹ mit einer Bebilderung verbunden war, gibt es keine Hinweise. Im 15. Jahrhundert jedoch fand der Roman Konrad Flecks Aufnahme in das Programm des elsässischen Werkstattzusammenhangs um Diebold Lauber, aus dem auch die zwei einzigen (fast) vollständig erhaltenen Handschriften stammen (Berlin, Staatsbibliothek zu Berlin – Stiftung Preußischer Kulturbesitz, Ms. germ. fol. 18: 40.1.1.; Heidelberg, Universitätsbibliothek, Cod. Pal. germ. 362: 40.1.2.). Der ältere Heidelberger Codex überliefert den Roman in der für die Lauber-Produktion charakteristischen Ausstattung: Rote Überschriften untergliedern den Text in numerierte Kapitel und bilden gleichzeitig die Tituli der diesen Kapiteln als »Situationsetikett« (SAURMA-JELTSCH [2001] Bd. 1, S. 82 u.ö.) auf jeweils eigenen Seiten vorangestellten handlungsprägnanten Miniaturen, die teilweise aus dem bestehenden Mustervorrat der Werkstatt stammen und in ähnlicher Gestaltung in anderen Lauber-Handschriften der 1440er Jahre erhalten sind. Auf dieselbe Vorlage geht die um gut zwei Jahrzehnte jüngere Berliner Handschrift zurück. Sie entstammt, wohl von Laubers eigener Hand, der Spätphase der Werkstatt und ist eines ihrer wenigen unvollendet überlieferten Erzeugnisse. Vermutlich handelt es sich um ein bei stockendem Absatz zunächst auf Vorrat begonnenes Produkt, das vor allem der Kapitalbindung des Betriebs diente und erst bei Bedarf illustriert worden wäre: Abgeschlossen sind nur die Textabschrift und die Kapitelüberschriften bzw. Bildbeschriften. Die vorgesehenen

Illustrationen sind nicht ausgeführt – vielleicht, weil sich kein Abnehmer mehr fand, der die Kosten für die Illustrierung gedeckt hätte oder möglicherweise auch, weil in der Spätphase der Werkstatt kein Zeichner mehr zur Verfügung stand. Auffallend ist, daß die Berliner Handschrift zwar die gleiche Zahl von Miniaturen – 36 – vorsieht wie die Heidelberger, die Zahl der Kapitel mitsamt Überschriften jedoch stark erweitert, ohne daß dabei jedem Kapitel eine Eingangsminiatur zugedacht gewesen wäre. Ab etwa der Mitte der Abschrift scheint ein abweichendes Illustrationsprogramm vorgesehen gewesen zu sein: Die dort freigelassenen Leerräume mit begleitender Überschrift haben oft keine Entsprechung in der Heidelberger Handschrift, während umgekehrt an Stellen, an denen die Schwesterhandschrift eine Miniatur aufweist, häufig nur die Überschrift steht, ohne daß Raum für eine Illustration freigelassen ist. Eine gemeinsame Arbeitsvorlage beider Handschriften, die die Zwischenüberschriften und damit die Anweisungen für das Bildprogramm enthalten haben muß, ist erweisbar, so daß die Abweichungen dem Entstehungsprozeß eines der beiden Codices zuzuschreiben sind. Am ehesten ist dabei von einer im Kopiervorgang erst entstandenen planenden Absicht der Berliner Handschrift auszugehen, deren Schreiber und Redaktor Diebold Lauber ein vergleichbares gestalterisches Verhalten auch im Umgang mit dem Romantext erkennen läßt.

Ohne Zusammenhang mit der Überlieferung des mittelhochdeutschen Romans ist die zweite Textgruppe der Stoffgruppe ›Flore und Blancheflur‹. Bei dem zuerst 1473/74 in einer aus dem Besitz Heinrich Steinhöwels stammenden Sammelhandschrift (München, Bayerische Staatsbibliothek, Cgm 3711, 261^r–264^v, 363^r–364^r, Auszüge) bezeugten und seit 1499 in sieben nachweisbaren Drucken überlieferten deutschen Prosaroman ›Florio und Bianceffora‹ handelt es sich um eine nur leicht bearbeitete Übersetzung von Boccaccios ›Il Filocolo‹, die anders als Konrad Flecks Fassung der Version II des Erzählstoffs angehört. Nur ein einziger Frühdruck des ›Filocolo‹ weist Illustrationen auf (Napoli: Sixtus Rießinger für Francesco del Tuppo, 1478), ohne daß indes ein Einfluß des italienischen Bildprogramms auf die seit 1499 beginnenden Illustrierungen der deutschen Bearbeitungen zu erkennen wäre. Die Bebilderung des durch Kaspar Hochfeder veranstalteten Metzer Erstdrucks war insofern so initiativ wie langwirkend. Seine Holzschnitte, die vermutlich speziell für diesen Druck hergestellt wurden, weisen Nürnberger Einfluß auf: Da Hochfeder erst 1499 von dort nach Metz übersiedelte, ist anzunehmen, daß er die Druckstöcke für diese Ausgabe aus einer Nürnberger Werkstatt mitbrachte. Die hohe Qualität der Holzschnitte – Detailschärfe, sorgfältige Ausführung, perspektivische Stimmigkeit, Ausdrucksstärke der Figurenzeichnung – wurde in der Forschung immer wieder bemerkt; die gelegentlich vermutete Zuschreibung an den Meister der Mein-

radlegende ist jedoch als unwahrscheinlich zu bewerten (SCHÜNEMANN [2005]
S. 8). Die schon im Folgejahr gedruckte zweite Ausgabe Hochfeders griff auf 96
der 100 Schnitte zurück; 30 Jahre später kopierte auch der in Straßburg von
Amandus Farckal für Johannes Grüninger veranstaltete Druck sie in der Mehr-
zahl. Schon zuvor fanden die Illustrationen ihren Weg zudem in Ausgaben
anderssprachiger Bearbeitungen des Stoffs, so etwa in die bei Jan Smerhovsky
(Prag, 1519) gedruckte tschechische Übersetzung. Mit den seit etwa 1559 bei
Weigand Han in Frankfurt erscheinenden Drucken setzt eine neue Bebilde-
rungstradition mit Holzschnitten Hans Brosamers ein. Wiederum unabhängig
davon sind – als drittes innerhalb eines knappen Jahrhunderts entstandenes Illustrationsprogramm – die Holzschnitte zum ›Florio‹ für das 1587 bei Sigmund
Feyerabend gedruckte ›Buch der Liebe‹, die indes auch in anderen Teilen der
Sammlung Verwendung fanden.

Literatur zur Stoffgeschichte:
PATRICIA E. GRIEVE: Floire and Blancheflor and the European Romance. Cambridge u. a.
1997 (Cambridge Studies in Medieval Literature 32).

Literatur zu den Illustrationen:
VERENA SCHÄFER: Flore und Blancheflur. Epos und Volksbuch. Textversionen und die verschiedenen Illustrationen bis ins 19. Jahrhundert. Ein Beitrag zur Geschichte der Illustration. München 1984 (tuduv-Studien, Reihe Kunstgeschichte 12). – ULRICH REHM: Floire
und Blancheflor. In: RDK 9 (2003), Sp. 1293–1306.

40.1.   Konrad Fleck, ›Flore und Blanscheflur‹

Editionen:
Flore und Blanscheflur. Eine Erzählung von Konrad Fleck. Hrsg. von EMIL SOMMER.
Quedlinburg und Leipzig 1846 (Bibliothek der gesamten Deutschen National-Literatur
von der ältesten bis auf die neuere Zeit 12). – Tristan und Isolde und Flore und Blanscheflur. Hrsg. von WOLFGANG GOLTHER. Berlin und Stuttgart o. J. [1888] (Deutsche Natio-
nal-Litteratur 4/2). – Bruchstücke von Konrad Flecks Floire und Blanscheflûr nach den
Handschriften F und P unter Heranziehung von B H. Hrsg. von CARL H. RISCHEN. Heidelberg 1913 (Germanische Bibliothek, 3. Abteilung 4). – Neuedition durch CHRISTINE
PUTZO in Vorbereitung.

**40.1.1.   Berlin, Staatsbibliothek zu Berlin – Stiftung Preußischer
Kulturbesitz, Ms. germ. fol. 18**

Um 1466/68. Elsaß, Produktionszusammenhang des Diebold Lauber.
Unvollendetes »Halbfertigprodukt« (SAURMA-JELTSCH [2001] Bd. 1, S. 142) aus
der Spätphase der Lauber-Produktion. Mit dem Nachlaß des Sammlers Daniel
Sudermann, in dessen Besitz die Handschrift vermutlich noch im 16. Jahrhundert im Straßburger Raum gelangte, vor 1661 durch Friedrich Wilhelm von
Brandenburg für die Kurfürstliche Bibliothek erworben. Schreibervermerke
(rot) von der Hand Diebold Laubers 1ʳ und 2ᵛ; zahlreiche Annotationen Suder-
manns (Besitzereinträge 1ʳ und 3ʳ).

Inhalt:
3ʳ–199ᵛ   Konrad Fleck, ›Flore und Blanscheflur‹
            (durch Blattverlust nur bis Vers 7916)
            Hs. B

I.   Papier, 199 erhaltene Blätter, 285 × 210 mm, Bastarda, eine Hand, Diebold
Lauber (SAURMA-JELTSCH [2001] Bd. 1, S. 72), 3ʳ–5ᵛ (Inhaltsregister) zweispaltig,
6ʳ–199ᵛ einspaltig, 21–25 Zeilen, rote Kapitel- bzw. Bildüberschriften, rote
Lombarden über 2–3 Zeilen, Rubrizierungen.
Mundart: elsässisch.

II.   Auf 36 der insgesamt 63 enthaltenen Kapitelüberschriften folgen für Illustrationen vorgesehene Leerräume (10ʳ, 15ʳ, 20ᵛ, 27ᵛ, 35ʳ, 39ᵛ, 46ᵛ, 52ʳ, 57ᵛ, 60ᵛ,
66ʳ, 71ᵛ, 76ʳ/ᵛ, 80ʳ, 85ʳ, 90ʳ, 94ᵛ, 101ʳ, 107ᵛ, 111ᵛ, 116ᵛ, 125ᵛ/126ʳ, 130ʳ, 134ʳ, 136ᵛ,

141ᵛ/142ʳ, 149ᵛ, 155ᵛ/156ʳ, 161ᵛ, 165ᵛ/166ʳ, 169ᵛ, 176ᵛ, 182ᵛ, 186ᵛ/187ʳ, 193ᵛ, 197ᵛ), deren Höhe zwischen einer halben und einer ganzen Seite schwankt. Ist der verbleibende Freiraum auf der Seite zu gering, stehen Überschrift und Leerraum entweder auf der Folgeseite, oder die vollständige Folgeseite bleibt frei. Anzahl und Verteilung der vorgesehenen Illustrationen entsprechen anfangs der Heidelberger Schwesterhandschrift (40.1.2.); etwa ab der zweiten Hälfte des Codex treten Abweichungen auf: Den Leerräumen auf 60ᵛ, 107ᵛ, 111ᵛ, 116ᵛ, 134ᵛ, 136ᵛ, 149ᵛ, 155ᵛ, 182ᵛ und 186ᵛ entspricht in 40.1.2. keine Illustration (und auch keine Überschrift); 110ʳ, 129ʳ, 131ᵛ, 137ʳ, 140ᵛ, 158ʳ, 160ʳ und 180ʳ entspricht die Überschrift der jeweiligen in 40.1.2., aber es ist kein Leerraum für die dort an dieser Stelle jeweils ausgeführte Illustration enthalten. (Ferner enthält die Heidelberger Handschrift 122ᵛ Überschrift und Illustration, wo die Berliner keinerlei Einschnitt aufweist.)

7ʳ schwarz-rot ausgeführte Zierinitiale mit Blattapplik und Rankenausläufern über acht Zeilen.

Literatur: DEGERING 1 (1925) S. 3. – Handschriftenarchiv der Berlin-Brandenburgischen Akademie der Wissenschaften: Berlin, Staatsbibliothek zu Berlin – Preußischer Kulturbesitz, Ms. germ. fol. 18. Beschrieben von EMIL HENRICI. Berlin 1905, 5 Bll. (online über http://dtm.bbaw.de/HSA/; letzter Zugriff 27.10.2009); HANS HORNUNG: Daniel Sudermann als Handschriftensammler. Ein Beitrag zur Strassburger Bibliotheksgeschichte. Diss. masch. Tübingen 1956, S. 269f.; SCHÄFER (1984) S. 9f. und 193; SAURMA-JELTSCH (2001) Bd. 2, S. 133 (Kat. II.1); Aderlaß und Seelentrost (2003) S. 130f.

40.1.2. Heidelberg, Universitätsbibliothek, Cod. Pal. germ. 362

Um 1442/44. Elsaß, Produktionszusammenhang des Diebold Lauber.
4*ʳ Eintrag der Devise Johanns von Mosbach-Neumarkt (1443–1486), *Dü ceptis as[pirate]*, darunter leeres Spruchband. Aus der Lauber-Produktion vielleicht erworben durch seinen Vater, Pfalzgraf Otto I. (so WEGENER [1927] S. VIf.); erwogen auch die Provenienz über Kurfürst Ludwig IV. (WERNER FECHTER: Das Publikum der mittelhochdeutschen Dichtung. Frankfurt am Main 1935, S. 47 Anm. 464) oder Mitglieder der Familien der Grafen und Herren zu Castell oder der Herren von Lampertheim (SAURMA-JELTSCH [2001] Bd. 1, S. 160f.), deren Wappen in den Illustrationen der Handschrift erscheinen. Um 1556/59 in der Älteren Heidelberger Schloßbibliothek nachweisbar; um 1581 im Bestand der Bibliothek in der Heiliggeistkirche.

Inhalt:

I. Papier, 228 Blätter (erstes und letztes Blatt unfoliiert, als Spiegel), 282 × 210 mm, Bastarda, eine Hand, einspaltig, 20–23 Zeilen, rote Kapitelüberschriften bzw. Bildbeischriften, rote Lombarden über 4–7 Zeilen, Rubrizierungen. Mundart: elsässisch.

II. 36 mit Wasser- und Deckfarben kolorierte Federzeichnungen (1ᵛ, 6ʳ, 12ʳ, 18ʳ, 26ʳ, 35ʳ, 40ʳ, 48ʳ, 54ʳ, 60ʳ, 68ʳ, 73ᵛ, 79ᵛ, 83ᵛ, 89ʳ, 94ᵛ, 99ʳ, 105ʳ, 114ʳ, 122ʳ, 130ʳ, 133ᵛ, 135ʳ, 137ʳ, 141ᵛ, 145ᵛ, 147ʳ, 164ʳ, 166ᵛ, 168ᵛ, 173ᵛ, 178ʳ, 185ᵛ, 189ᵛ, 201ᵛ, 204ᵛ), Zeichner(gruppe) A der Lauber-Produktion. Zeitgenössische Zählung (rot) in römischen Ziffern, überspringt die erste Zeichnung 1ᵛ und numeriert die letzte 204ᵛ fälschlich *xxv*.

2ʳ blau-rot ausgeführte Zierinitiale mit Blattapplik, Rankenausläufern und Drolerie (Wildmann mit Keule) über neun Zeilen.

Format und Anordnung: In der Regel ganzseitige (68ʳ ½seitig, 201ᵛ ⅔seitig), das jeweilige Kapitel einleitende Miniaturen. An den Seiten gewöhnlich, am Fuß gelegentlich über den Textspiegel bis an den Blattrand reichend; über den Illustrationen (außer 1ᵛ) Numerierungen und Bildbeischriften auf Höhe des Textspiegels.

Bildaufbau und -ausführung: Ungerahmt; einfaches, gelegentlich geschwungenes Bodenstück, nach unten von Federlinie begrenzt; kein Hintergrund. Figurenpaare und -gruppen; handlungsbedingt Möbel, Transportmittel, Architekturen und Landschaften in unproportionalem Verhältnis zu den Figuren; florale Zierelemente. Figuren typisiert, betonte Gestik. Ausdruckslose Züge, vereinzelt auffallend durchbrochen durch Versuch mimischer Schmerzdarstellung (Protagonisten). Markierung der Protagonisten durch Haartracht, Kleidung und Insignien. Variierende detailstarke Ausführung der Textilien, vielfach variierende Kopfbedeckungen. In die Darstellungen integrierte Banner (12ʳ, 48ʳ, 54ʳ, 79ᵛ, 89ʳ, 99ʳ), identifizierbar als Wappen elsässischer Adelsfamilien.

Bildthemen: Überwiegend Dialogszenen sich gegenüberstehender Einzelfiguren oder kleiner Gruppen mit betonter, stereotyper Gestik (Hände oft überproportional); Reiseszenen; Versuche der Emotionsdarstellung durch Pointierung ausgewählter Handlungsmomente (Ohnmacht Blanscheflurs 35ʳ, Ohnmacht Flores 60ʳ, »umarmende« Vermessung des Turmes, in dem Blanscheflur gefan-

gengehalten wird, durch Flore 130ʳ). Daneben typisierte Szenen aus dem Mustervorrat der Lauber-Produktion der 1440er Jahre, stark ähnlich in anderen Handschriften dieser Phase nachweisbar, dem jeweiligen Handlungskontext nur
durch Detailveränderungen eingepaßt. Textbezug stets eng.

Farben: Braunrot, Hellrot, Grün, Blau, Ockergelb, Braun, Weiß, Schwarzbraun.

Volldigitalisat online unter http://digi.ub.uni-heidelberg.de/diglit/cpg.362/ (letzter Zugriff
27. 10. 2009).

Literatur: BARTSCH (1887) S. 107 f.; MILLER/ZIMMERMANN (2007) S. 238–240. – WEGENER
(1927) S. 34 f. und 112; Handschriftenarchiv der Berlin-Brandenburgischen Akademie der
Wissenschaften: Heidelberg, Universitätsbibliothek, Cod. Pal. germ. 362. Beschrieben von
GÜNTHER JUNGBLUTH. Heidelberg 1937, 13 Bll. (online über http://dtm.bbaw.de/HSA/;
letzter Zugriff 27. 10. 2009); GERO VON WILPERT: Deutsche Literatur in Bildern. Stuttgart
²1965 (zuerst 1957), S. 36 mit Abb. 80; STAMMLER (1962) S. 144; SCHÄFER (1984) S. 14–40
(Angaben teilweise fehlerhaft) und S. 192; LIESELOTTE E. STAMM-SAURMA: Zuht und
wicze. Zum Bildgehalt spätmittelalterlicher Epenhandschriften. Zeitschrift des Deutschen
Vereins für Kunstwissenschaft 41 (1987), S. 42–70, bes. S. 62–64; Jahreszeiten der Gefühle.
Das Gothaer Liebespaar und die Minne im Spätmittelalter. Hrsg. von ALLMUTH SCHUTT-
WOLF. Ostfildern-Ruit 1998, Nr. 22, S. 67 f.; Kostbarkeiten gesammelter Geschichte.
Heidelberg und die Pfalz in Zeugnissen der Universitätsbibliothek. Hrsg. von ARMIN
SCHLECHTER. Heidelberg 1999 (Schriften der Universitätsbibliothek Heidelberg 1),
Nr. A29, S. 156; SAURMA-JELTSCH (2001) Bd. 2, S. 67–69 (Kat. I.45); REHM (2003) Sp. 1298 f.

Abb. 197: 26ʳ. Abb. 198: 35ʳ.

40.2.   ›Florio und Bianceffora‹ (›Il Filocolo deutsch‹)

DRUCKE

40.2.a.   Metz: Kaspar Hochfeder, 1499

2°, [5] + 125 gezählte Blätter (I–CXXV), einspaltig, 46 Zeilen. Leerraum für Initialen (nicht ausgeführt).

Gerahmter Titelholzschnitt [1]ʳ (wiederholt XXXVIIIʳ) und 99 gerahmte Text-holzschnitte mit Wiederholungen: IIʳ, Vʳ, VIIʳ, VIIIʳ, IXᵛ, Xᵛ, XIᵛ, XIIʳ, XIIIᵛ, XVIʳ, XVIIᵛ, XIXʳ, XIXᵛ, XXIʳ, XXIIIʳ, XXIIIIʳ, XXVʳ, XXVIʳ, XVIIIᵛ, XXIXᵛ, XXXʳ, XXXIʳ, XXXIIᵛ, XXXIIIᵛ, XXXIIIIᵛ, XXXVᵛ, XXXVIᵛ, XXXVIIIʳ, XXXIXʳ, XXXIXᵛ, XLʳ, XLIIʳ, XLIIIʳ, XLIIIIᵛ, XLVᵛ, XLVIᵛ, XLVIIIᵛ, XLIXʳ, Lʳ, LIʳ, LIIʳ, LIIᵛ, LIIIᵛ, LIIIIᵛ, LVᵛ, LVIʳ, LVIIʳ, LVIIᵛ, LVIIIʳ, LVIIIᵛ, LIXʳ, LXᵛ, LXIᵛ, LXIIʳ, LXIIIʳ, LXIIIᵛ, LXIIIIᵛ, LXVᵛ, LXVIᵛ, LXVIIᵛ, LXVIIIʳ, LXVIIIᵛ, LXXʳ, LXXᵛ, LXXIIʳ, LXXIIIʳ, LXXIIIIʳ, LXXVᵛ, LXXVIᵛ, LXXVIIᵛ, LXXXᵛ, LXXXIIʳ, LXXXIIIʳ, LXXXIIIIᵛ, LXXXVᵛ, LXXXVIᵛ, LXXXVIIᵛ, LXXIX [richtig: LXXXVIII]ʳ, LXXXIXᵛ, XCI(1)ʳ, XCI(1)ᵛ, XCI(2) [richtig: XCII]ᵛ, XCII [richtig: XCIII]ʳ, XCIII [richtig: XCIIII]ʳ, XCVᵛ, XCVIᵛ, XCVIIᵛ, XCIXʳ, CIʳ, CIIIʳ, CVIᵛ, CIXᵛ, CXIIᵛ, CXIIIIʳ, CXVIIIʳ, CXXʳ, CXXIʳ, CXXIᵛ, CXXIIʳ.

Die Holzschnitte gut halbseitig; wo satztechnisch möglich, vor Kapitelbeginn eingefügt. Auffallend ist die »kontinuierende Bildform« (SCHÜNEMANN [2005] S. 7) der Darstellungen: Regelmäßig vereinen die Schnitte mehrere Szenen gleichzeitig in einem Bild, wobei die Protagonisten in zeitlicher Abfolge des Geschehens von links nach rechts oder aber in kreisförmiger Anordnung, vereinzelt sogar von rechts nach links, im gleichen Holzschnitt mehrfach erscheinen.

Faksimile: Florio und Biancefora. Ein gar schone newe hystori der hochen lieb des kuniglichen fursten Florio vnnd von seyner lieben Bianceffora. Mit einem Nachwort von RENATE NOLL-WIEMANN. Nachdruck der Ausgabe Metz 1500. Hildesheim und New York 1975 (Deutsche Volksbücher in Faksimiledrucken A.3). – Anders als im Titel der Faksimileausgabe angegeben, handelt es sich um eine Reproduktion des Erstdrucks von 1499, nicht des Nachdrucks von 1500.

Literatur: HAIN 7160; GW 4470. – VAN DER VEKENE (1974) S. 57, Abb. 72–164 (alle Holzschnitte); SCHÄFER (1984) S. 85–90. 242 f. 244–285; VEITSCHEGGER (1991) S. 301 f.; GOTZKOWSKY (1991/1994) I, S. 50, Nr. A.2.1; REHM (2003) Sp. 1301; SCHÜNEMANN (2005) S. 5–12 und 302–304.

40.2.b. Metz: Kaspar Hochfeder, 1500

2°, [4] + 130 gezählte Blätter (I–CXXVI), zweispaltig, 45 Zeilen. Leerraum für Initialen (nicht ausgeführt).

Titelholzschnitt [1]ʳ (wiederholt XXXVIIᵛ) und 95 Holzschnitte aus dem Erst-druck von 1499, mit Wiederholungen: IIʳ, Vʳ, VIᵛ, VIIᵛ, IXʳ, Xʳ, Xᵛ, XIʳ, XIIᵛ, XVᵛ, XVIIʳ, XVIIIᵛ, XIXʳ, XXᵛ, XXIIᵛ, XXIIIᵛ, XXIIIIᵛ, XXVᵛ, XXVIIIʳ, XXIXʳ, XXIXᵛ, XXXᵛ, XXXIIʳ, XXXIIIʳ, XXXIIIIᵛ, XXXVᵛ, XXXVIᵛ, XXXVIIᵛ, XXXVIIIᵛ, XXXIXʳ, XXXIXᵛ, XLIIʳ, XLIIIʳ, XLIIIIᵛ, XLVᵛ, XLVIᵛ, XLVIIIᵛ, XLIXʳ, Lʳ, LIʳ, LIIʳ, LIIᵛ; LIIIᵛ, LIIIIᵛ, LVᵛ, LVIʳ, LVIIʳ, LVIIᵛ, LVIIIʳ, LVIIIᵛ, LIXʳ, LXᵛ, LXIᵛ, LXIIᵛ, LXIIIᵛ, LXIIIIʳ, LXVᵛ, LXVIʳ, LXVIIʳ, LXVIIIʳ, LXVIIIᵛ, LXIXʳ, LXXᵛ, LXXIʳ, LXXIIᵛ, LXIIIIʳ, LXIIIIᵛ, LXVIʳ, LXVIIʳ, LXVIIIʳ, LXXXIʳ, LXXXIIᵛ, LXXXIIIᵛ, LXXXVʳ, LXXXVIʳ, LXXXVIIʳ, LXXXVIIIʳ, LXXXIXʳ, XCʳ, XCIᵛ, XCIIʳ, XCIIIʳ, XCIIIIʳ, XCVʳ, XCVIʳ, XCVIIᵛ, XCIXʳ, Cᵛ, CIIᵛ, CVIIᵛ, CXIIIᵛ, CXVʳ, CXIXᵛ, CXXIᵛ, CXXIIᵛ.

Literatur: Hain 7191; GW 4471. – Geldner (1968) I, S. 260f. mit Abb. 105; van der Vekene (1974) Nr. 61, Abb. 72–155, 157, 159–161, 164 (alle Holzschnitte); Schäfer (1984) S. 243; Gotzkowsky (1991/1994) I, S. 50f., Nr. A.2.2; Veitschegger (1991) S. 302f.; Rehm (2003) Sp. 1301; Schünemann (2005) S. 304–307.

Abb. 199: München, Bayerische Staatsbibliothek, 2 Inc.c.a. 3887, 11ᵛ.

40.2.c. Straßburg: Amandus Farckal für Johannes Grüninger, 1530

2°, [4] + 112 stark fehlerhaft gezählte Blätter (I–LXXXXII), einspaltig, 44 Zei-len. Schmuckinitialen verschiedenen Typs (häufig nicht ausgeführt), teilweise auf schwarzem Hintergrund, gelegentlich mit Rankenwerk, XXIIᵛ mit nackter Knabenfigur.

Titelholzschnitt (wiederholt XXIIIʳ) und 65 gerahmte Textholzschnitte ohne Wiederholungen, überwiegend (61) den Hochfeder-Drucken entnommen: IIʳ, Vʳ, VIᵛ, VIIᵛ, IXʳ, Xᵛ, XIʳ, XIIᵛ, XVᵛ, XVIII [richtig: XVII]ᵛ, XIXʳ, XXᵛ, XXIIIʳ, XXIIIIᵛ, XXVᵛ, XXVIIIᵛ, XXIXᵛ, XXXIᵛ, XXXVI [richtig: XXXIIII]ᵛ, XXXVII(1) [richtig: XXXXV]ᵛ, XXXVII(2)ʳ, XXXVIIIʳ, XXXVIIIᵛ, XLᵛ, XLIᵛ, XLIIIᵛ, XLIIIIᵛ, XLVIIᵛ, XLVIIIʳ, XLIXʳ, XLIXᵛ, Lʳ, LIIᵛ, LIIIʳ, LIIIIᵛ, LVᵛ, LVIIʳ, LVIIᵛ, LIXʳ, LXʳ, LXIᵛ, LXIIᵛ, LXIIIIʳ, LXVIIʳ, L [richtig: LXX]ʳ, LI [richtig: LXX]ᵛ, LIII [richtig: LXXIII]ʳ, LXXVʳ, LVI [richtig: LXXVI]ʳ,

LVIII [richtig: LXXVIII]ʳ, LIX [richtig: LXXIX]ʳ, LX [richtig: LXXX]ᵛ, LXI
[richtig: LXXXI]ᵛ, LXIII [richtig: LXXXIII]ʳ, LXIIII [richtig: LXXXIIII]ᵛ,
XCIIII [richtig: LXXXVI]ʳ, XCVI [richtig: LXXXVIII]ᵛ, CII [richtig:
XCIIII]ʳ, LXXVIIII [richtig: XCIC]ʳ, LXXXIIII [richtig: CIIII]ʳ, LXXXVI
[richtig: CVI]ʳ, LXXXVII [richtig: CVII]ᵛ, LXXXXVIII [richtig: CVIII]ᵛ,
LXXXXVIIII [richtig: CIX]ʳ, LXXXX [richtig: CX]ʳ.

Literatur: VD 16 B 5844. – VAN DER VEKENE (1974) S. 28; SCHÄFER (1984) S. 243; VEIT-
SCHEGGER (1991) S. 303 f.; GOTZKOWSKY (1991/1994) I, S. 51, Nr. A.2.3; REHM (2003)
Sp. 1301; SCHÜNEMANN (2005) S. 307 f.

40.2.d.   Frankfurt am Main: Weigand Han, [um 1559]

Das einzig bekannte Exemplar Berlin, Staatsbibliothek zu Berlin – Stiftung Preußischer
Kulturbesitz, YU 1376 ist defekt, es fehlen: Titelblatt A_i sowie Blatt A_{viii} und Ee_i.

8°, 223 ungezählte Blätter, einspaltig, 44 Zeilen. Zierinitialen vor jedem Abschnitt. Große Schmuckinitiale mit Rankenwerk am Beginn der Vorrede. Ornamentalbalken mit Flechtmuster auf letzter Versoseite als Rahmung für Druckort
und Druckernamen.

Titelholzschnitt A_i^r (rekonstruierbar nach 40.2.e. und 40.2.f., wiederholt S. 75,
222, 276, 285, 313, 409) und 162 mit einer Ausnahme (S. 425) gerahmte Textholzschnitte mit zahlreichen Wiederholungen (Stellenangaben nach dem Berliner Druck ab: A_{ii}^r = S. 1): S. 3, 5, 9, 18, 25, 29, 34, 38, 40, 43, 47, 49, 51, 54, 61,
62, 66, 72, 73, 74, 75, 78, 79, 81, 84, 85, 86, 88, 90, 93, 96, 98, 100, 104, 106, 111,
114, 116, 120, 122, 125, 129, 132, 134, 137, 141, 145, 149, 150, 152, 160, 163, 169,
173, 176, 180, 184, 186, 189, 193, 195, 197, 200, 203, 207, 209, 212, 213, 215, 217,
218, 222, 224, 227, 229, 231, 233, 237, 240, 246, 248, 250, 252, 257, 258, 263, 264,
266, 268, 270, 272, 274, 276, 277, 278, 280, 281, 282, 283, 285, 286, 288, 289, 297,
298, 300, 302, 305, 306, 307, 308, 310, 312, 313, 314, 316, 317, 319, 321, 323, 327,
331, 335, 338, 342, 348, 349, 350, 354, 357, 360, 363, 365, 380, 386, 388, 390, 392,
394, 398, 400, 402, 405, 406, 409, 410, 412, 414, 416, 418, 420, 423, 425, 428, 430,
431, (434 fehlt im Berliner Exemplar), 436, 438, 439, 440, 441. Die Darstellungen halbseitig, in der Regel zwischen Kapitelüberschrift und Text eingefügt.

Holzschnitte von Hans Brosamer. – Verwendet werden Druckstöcke, die Brosamer für vorhergehende Ausgaben Weigand Hans entworfen hatte, insbesondere aus ›Fortunatus‹ (1549), ›Melusine‹ (1556), ›Ritter Galmy‹ (1554) und
›Sieben weise Meister‹ (1554) sowie aus ›Schimpff und Ernst‹ (1558) (Aufschlüs-
selung der Herkunft bei GOTZKOWSKY [2002] S. 270 f.).

Literatur: VEITSCHEGGER (1991) S. 304 f.; GOTZKOWSKY (1991/1994) I, S. 51 f., Nr. A.2.4;
SCHMIDT (1996) S. 202 f. und 388 f.; GOTZKOWSKY (2002) S. 269–271; SCHÜNEMANN (2005)
S. 308.

40.2.e.   Frankfurt am Main: Weigand Han, [um 1560]

Bis auf das Impressum identischer Nachdruck der Ausgabe um 1559; Titelholzschnitt und 162 Textholzschnitte von Hans Brosamer wie 40.2.d.

Literatur: VD 16 Nr. B 5845. – SCHÄFER (1984) S. 91–94. 143. 244–282 (gibt Druckjahr mit
1565 an); VEITSCHEGGER (1991) S. 305 f.; GOTZKOWSKY (1991) S. 52, Nr. A.2.5; SCHMIDT
(1996) S. 202 f. und 388 f.; GOTZKOWSKY (2002) S. 269–271; SCHÜNEMANN (2005) S. 308 f.

Anmerkung: Die in der Forschung gelegentlich ohne Exemplarnachweis geführte Ausgabe
Frankfurt/Main [: Weigand Han], 1560 (vgl. zuletzt SCHÜNEMANN [2005] S. 309 f. und bes.
VEITSCHEGGER [1991] S. 68 f., 305 und 306 f.) ist identisch mit 40.2.e. Die Angabe geht
zurück auf KARL GOEDEKE: Grundriß zur Geschichte der deutschen Dichtung aus den
Quellen. Bd. 1: Das Mittelalter. Dresden ²1884, S. 354, der sich wiederum auf den Auktionskatalog der Sammlung des Wiener Antiquars Matthäus Kuppitsch bezieht: Catalogue
d'une collection précieuse de livres parfaitement bien conservés qui seront adjugés au plus
offrant à Halle le 16 Mars 1846 par J. F. LIPPERT. Halle [1846], Nr. 2389. Dieser Druck
wurde 1846 mit einem Großteil der Sammlung Kuppitschs vom British Museum erworben und befindet sich heute unter der Signatur 12450.b.12 in der Londoner British Library.
Eine Jahresangabe enthält er nicht: Bei der Angabe »1560« im Auktionskatalog LIPPERTs
muß es sich um eine als solche nicht ausgewiesene Vermutung handeln, die mit anderen
Ungenauigkeiten des Eintrags einhergeht. (Zwar bemerken HAYN/GOTENDORF [1912–
1929/1968] Bd. 2, S. 328, die dieser Spur bereits nachgingen, ausdrücklich, der Druck aus
dem Besitz Kuppitschs sei »nicht in der British Library in London«. Wahrscheinlich aber
ist mit dieser Anmerkung lediglich gemeint, daß die British Library kein wie bei LIPPERT
beschriebenes d a t i e r t e s Exemplar besitzt, ohne daß HAYN/GOTENDORF deswegen die
Existenz eines solchen Exemplars in Frage stellten.) Die Identität des Londoner Drucks
mit dem aus Kuppitschs Besitz stammenden geht außer aus einer Reihe anderer Indizien
besonders aus einer über dem Eingangsstempel des British Museum stehenden Bleistift-
notiz hervor, die vermerkt, daß der Druck mit Rechnung vom 24.03.1846, also wenige
Tage nach der Haller Auktion, als Posten Nr. 1157, also gemeinsam mit einer großen
Menge von Büchern, erworben wurde. – Für die Überprüfung des Londoner Bestands und
die minutiöse Rekonstruktion der Erwerbsgeschichte ist John L. Flood, London, sehr
herzlich zu danken.

40.2.f.   Frankfurt am Main: Erben des Weigand Han, [nach 1562]

8°, 300 (VEITSCHEGGER: 299) ungezählte Blätter (292 bedruckt), einspaltig,
29 Zeilen, Zierinitialen vor jedem Abschnitt. Große Schmuckinitiale mit Ran-

kenwerk am Beginn der Vorrede. Ornamentalbalken mit Flechtmuster auf letzter Versoseite als Rahmung für Druckort und Druckernamen (siehe 40.2.d.).

Titelholzschnitt und 158 (VEITSCHEGGER: 160, GOTZKOWSKY und SCHÜNEMANN: 156) mit einer Ausnahme gerahmte Textholzschnitte mit zahlreichen Wiederholungen.

Holzschnitte von Hans Brosamer. – Herkunft, Auswahl und Anordnung mit wenigen Varianten identisch mit der Ausgabe um 1559 (40.2.d.).

Literatur: VEITSCHEGGER (1991) S. 306; GOTZKOWSKY (1991/1994) I, A.2.6; SCHMIDT (1996) S. 202 f. und 388 f.; GOTZKOWSKY (2002) S. 269–271; SCHÜNEMANN (2005) S. 310.

40.2.g. Frankfurt am Main: Johann Feyerabend für Sigmund Feyerabend, 1587

Sechster Prosaroman im ›Buch der Liebe‹ (2°, [1] + 396 gezählte Blätter, zweispaltig. Zierinitialen mit Rankenwerk vor jedem Abschnitt).

Titelvignette und 377 Textholzschnitte, einer mit dem Monogramm Jost Ammans. ›Florio und Bianceffora‹ 118^v–179^v, 63 spaltenbreite Holzschnitte mit Zierrahmen ohne Wiederholungen: 118^v, 119^r, 120^v, 122^r, 124^r, 125^r, 125^v, 127^r, 128^v, 129^r, 130^r, 130^v, 131^v, 133^r, 133^v, 135^r, 135^v, 137^r, 138^r, 139^r, 140^v, 142^v, 143^v, 145^r, 145^v, 146^v, 147^v, 148^r, 148^v, 149^v, 150^v, 151^v, 152^v, 154^r, 155^r, 155^v, 156^v, 157^r, 157^v, 159^v, 160^v, 161^r, 162^r, 162^v, 163^r, 163^v, 164^r [2], 165^r, 166^r, 167^r, 168^r, 170^v, 172^r, 173^v, 174^v, 175^v, 176^r, 176^v, 177^r, 178^r, 178^v, 179^r.

Die Bilder sind überwiegend Wiederholungen von Holzschnitten, die in den vorangehenden Teilen des Buchs bereits benutzt wurden. Drei fanden zudem bereits im ab 1569 bei Feyerabend gedruckten ›Amadis‹ Verwendung (Übersicht bei VEITSCHEGGER, S. 239–248).

Literatur: VD 16 B 8959. – SCHÄFER (1984) S. 94–97. 243–282; VEITSCHEGGER (1991) bes. S. 233–258; GOTZKOWSKY (1991/1994) I, S. 53, Nr. A.2.7. S. 67–70, Nr. B.1.1; REHM (2003) Sp. 1301; SCHÜNEMANN (2005) S. 311 f.

Anmerkung: Bei dem in der Literatur gelegentlich genannten Frankfurter Druck des ›Buchs der Liebe‹ von 1578 (vgl. zuletzt SCHÄFER [1984] S. 95) handelt es sich um einen auf GOEDEKE S. 340 zurückgehenden bibliographischen Irrtum; vgl. so bereits HEITZ/RITTER (1924) S. 13.

STOFFGRUPPE 40 BEARBEITET VON CHRISTINE PUTZO

40a. Heinrich Steinhöwel, ›Von den berühmten Frauen‹

Heinrich Steinhöwels Übersetzung von Giovanni Boccaccios ›De mulieribus claris‹ erschien erstmals um 1473 als illustrierter Druck bei Johann Zainer in Ulm (GW 4486). Das lateinische Original Boccaccios war zu dieser Zeit bereits im deutschsprachigen Raum verbreitet: Mindestens neun Handschriften in deutschem Besitz haben sich erhalten, die bereits vor der Drucklegung – zum Teil in Italien – geschrieben wurden (s. MICHAEL DALLAPIAZZA: Boccaccio-Handschriften in den deutschsprachigen Ländern. Wiesbaden 1988, Nr. 41, Nr. 58, Nr. 59, Nr. 70, Nr. 75, Nr. 114, Nr. 127; MARGARET M. MANION, VERA F. VINES, CHRISTOPHER DE HAMEL: Medieval and Renaissance Manuscripts in New Zealand Collections. Melbourne/London/New York 1989, Kat. Nr. 13, S. 50–51, Abb. 126 [Auckland, Public Library, Med. MS. G 133]; SUSY MARCON in: Boccaccio visualizzato. Narrare per parole e per immagini fra Medioevo e Rinascimento. Hrsg. von VITTORE BRANCA. 3 Bde. Turin 1999, Bd. 3, Kat. Nr. 115, S. 288–289, Abb. 392 [Firenze, Biblioteca Medicea Laurenziana, Cod. Strozzi 93]). Namentlich bekannte Besitzer sind Amplonius Ratinck in Erfurt, Bischof Johann von Wermeland, Moritz Graf von Spiegelberg und Hermann Schedel (Erfurt, Universitätsbibliothek, Cod. CE 2° 84; Greifswald, Universitätsbibliothek, 2° Ms 680; Köln, Erzbischöfliche Diözesanbibliothek, Cod. 168; München, Bayerische Staatsbibliothek, Clm 131; vgl. DALLAPIAZZA Nr. 41, Nr. 58, Nr. 59, Nr. 75). Zudem erwähnen sowohl der Katalog des Nürnberger Franziskanerklosters, um 1448, als auch das Bücherverzeichnis des Augsburger Frühhumanisten Sigismund Gossembrot ein Exemplar des Werkes (vgl. DALLA-PIAZZA S. 77; PAUL JOACHIMSOHN: Aus der Bibliothek Sigismund Gossembrots. Centralblatt für Bibliothekswesen 11 [1894], S. 249–268).

Außer dem Wiener Manuskript (Wien, Österreichische Nationalbibliothek, Cod. 14288 [Suppl. 1665], datiert 1474) sind zwei der drei erhaltenen Handschriften der deutschen Übersetzung Heinrich Steinhöwels, die sämtlich nach dem deutschen Erstdruck entstanden sind, illustriert bzw. auf Illustration angelegt (München, Bayerische Staatsbibliothek, Cgm 252 [Nr. 40a.0.1.], datiert 1477; New York, The New York Public Library, Spencer Collection, Ms. 105 [Nr. 40a.0.2.]). Eine 1916 im Katalog des Antiquariats Rosenbach erwähnte Bilderhandschrift war bisher nicht aufzufinden und ist wahrscheinlich mit dem heute in New York aufbewahrten Manuskript identisch, da Angaben zu Einband und Format übereinstimmen (vgl. The Collected Catalogues of Dr. A. S. W. Rosenbach, 1904–1951. Ten Volumes Including an Index by DON WARD· Vol. IV, Catalogues Nos. 20–28: Rare Books and Manuscripts. New York u. a. 1967, Cat. 24, Nr. 299).

Nur die New Yorker Handschrift enthält den vollständigen Text und einen ausgeführten Illustrationszyklus von 75 kolorierten Federzeichnungen, während im Münchner Exemplar, das den Text nur bis zum Beginn des zweiten Kapitels überliefert, Raum für eine Illustration freigelassen wurde. Quelle für den Federzeichnungszyklus des New Yorker Manuskripts und für die Holzschnitte der meisten späteren Drucke (Nr. 40a.o.b., 40a.o.c., 40a.o.d., 40a.o.e., 40a.o.f.) war der Illustrationszyklus der deutschen Ausgabe Johann Zainers (Nr. 40a.o.a.); sowohl die Bildauswahl als auch die ikonographischen Modelle wurden übernommen. Für die deutsche Erstausgabe benutzte Johann Zainer mit nur wenigen Abweichungen die Holzschnittserie seines zuvor erschienenen lateinischen Drucks: Von den 80 Holzschnitten dieser Ausgabe, darunter eine Zierleiste für das erste Kapitel über Eva, wurden in der deutschen Übersetzung 76 Stöcke (75 Holzschnitte und die Zierleiste zu Eva) wiederverwendet. Für die Widmung an Eleonore von Österreich, mit der Heinrich Steinhöwel Boccaccios Dedikation an Andrea Acciaiuoli und dessen Vorrede ersetzte, wurde eine eigene Zierleiste angefertigt, für das zusätzlich eingefügte Kapitel über Tullia (Kap. 46) ein zusätzlicher Holzschnitt eingefügt (Abb. fehlt bei Schramm 5 [1923], s. Domanski [2007] S. 144, Abb. 49). Heinrich Steinhöwel hat in seiner Übersetzung gegenüber der lateinischen Ausgabe sechs Kapitel (Dripertrua, Sempronia, Curia, Cornificia, Camiola, Johanna von Jerusalem und Sizilien) und die *conclusio* Boccaccios gestrichen, eingefügt wurden dagegen lateinische Zitate an den Kapitelanfängen und ein Kapitel zur Interpunktion am Ende des Textes, das den Schluß Boccaccios ersetzt.

Johann Zainer hat nicht alle Kapitel seiner deutschen Ausgabe illustriert (vgl. die Übersicht bei Domanski [2007] Anhang II, S. 283–285). Die Holzschnitte zeigen in meist gleichbleibendem Bildformat (ca. 80 × 110 mm) zumeist zwei oder drei Szenen aus dem Leben der Protagonistin. Sie folgen in der Regel auf die Kapitelüberschrift oder sind am Beginn des Textabschnitts eingefügt. An vielen Holzschnitten lassen sich Rückgriffe auf biblische Ikonographien und/ oder profane Bildthemen beobachten, die in der zeitgenössischen Druckgraphik verbreitet waren. Auffällig ist das Fehlen von Illustrationen zu literarisch und künstlerisch tätigen Frauen und zum Typ der *virago,* d. h. jenen Protagonistinnen, die sich durch amazonenhaftes Verhalten auszeichnen.

Für den Ulmer Zyklus wurde ein einheimischer Reißer vorgeschlagen, der nach einer nicht erhaltenen, aus dem südniederländischen Raum stammenden Handschrift gearbeitet habe (Fischel [1963] S. 34). Doch die deutlichen Abweichungen der Zainerschen Holzschnittfolge von den bekannten Miniaturzyklen französisch-burgundischer Handschriften, vor allem in der Szenenauswahl, widersprechen dieser These (s. Nr. 40a.o.a.).

Die Federzeichnungen des New Yorker Manuskripts weichen nur in geringfügigen Details bei Gewändern und der Landschaftsgestaltung von der Ulmer Druckausgabe ab. Der Stil des Hauptzeichners ist gegenüber den Holzschnitten durch eine deutlich bewegtere Kontur mit zuweilen breiter Feder, eine gedrungenere Figurenbildung sowie eine leicht verstärkte Nahsicht charakterisiert.

Johann Zainers Holzschnittzyklus diente auch den nachfolgenden Drucken als Vorlage. Zainer selbst brachte eine zweite deutschsprachige Ausgabe heraus, die nur die Holzschnitte mit ein- bis dreizeiligen Tituli enthält (40a.o.b.). In der Ausgabe von Anton Sorg, Augsburg 1479 (40a.o.c.) wurden die Illustrationen Zainers seitenverkehrt nachgeschnitten (GW 4487), während Johann Prüss, Straßburg 1488 (40a.o.d.), die Druckstöcke Zainers wiederverwendete (GW 4488); nur einige, vermutlich schadhafte Platten wurden nach dem Vorbild der Ulmer Ausgabe neu geschnitten. Heinrich Steiner ließ für seine beiden Drucke (Augsburg 1541 [40a.o.e.] und 1543 [40a.o.f.] die Holzschnitte des Erstdrucks Zainers kopieren, wobei Bildthemen und Ikonographie der Ulmer Ausgabe unverändert blieben und lediglich Figurenbildung und Gewänder dem Zeitstil gemäß aktualisiert wurden.

Editionen:

Boccaccio, De mulieribus claris. Deutsch übersetzt von Stainhöwel. Hrsg. von KARL DRESCHER. Tübingen 1895 (Bibliothek des literarischen Vereins in Stuttgart 205); Neuedition in Vorbereitung (GERD DICKE [Hrsg.], erscheint voraussichtlich in der Reihe »Bibliotheca suevica«. Konstanz 2010).

Literatur zu den Illustrationen:

LILLI FISCHEL: Bilderfolgen im frühen Buchdruck. Studien zur Inkunabel-Illustration in Ulm und Straßburg. Konstanz/Stuttgart 1963, S. 15–36; JEFFREY HAMBURGER in: The Splendor of the Word. Medieval and Renaissance Illuminated Manuscripts at The New York Public Library. Hrsg. von JONATHAN J. G. ALEXANDER, JAMES H. MARROW, LUCY FREEMAN SANDLER. London/Turnhout 2005, Kat.-Nr. 99, S. 422–426; KRISTINA DOMANSKI: Lesarten des Ruhms. Johann Zainers Holzschnittillustrationen zu Giovanni Boccaccios ›De mulieribus claris‹. Köln/Weimar/Wien 2007 (ATLAS. Bonner Beiträge zur Kunstgeschichte NF 2).

Siehe auch:

Nr. 49. Griseldis

40a.0.1.   München, Bayerische Staatsbibliothek, Cgm 252

1455–1478, Datierungen 126^v, 137^r, 164^v, 176^r, 209^r; beigebundene Fragmente des 14. und der 1. Hälfte des 15. Jahrhunderts. Augsburg.

Spätestens seit Anfang des 19. Jahrhunderts in der Bibliothek (Hinweis auf Docens Repertorium I auf dem Vorsatz: *Cod. germ. chart. cat. p. 270*), keine Herkunftsvermerke.

Inhalt:

1. I^r–38^v, 85^r–86^v, 39^r–55^v — Ludolf von Sudheim, Reise ins Heilige Land
    Unvollständig

2. 56^r–58^v, 71^r–74^v, 59^r–70^v, 75^r–78^v — ›Lucidarius‹, Buch I–II
    Unvollständig (59–70, 72–78 aus einer Handschrift des 14. Jahrhunderts mit Anmerkungen Konrad Bollstatters)

3. 79^r–82^v — Michael Velser, Übersetzung von Johann Mandevilles ›Pilgerreise‹
    Fragment

4. 87^{rv}, 84^{rv}, 83^{rv} — Pilatuslegende, deutsch
    Fragment

5. 88^r–89^v — ›Evangelium Nicodemi‹, deutsch
    Fragment

6. 90^r–94^r — Marco Polo, Reise, deutsch
    Fragment

7. 95ra–96ra — Albertanus von Brescia, ›Melibeus und Prudentia‹, deutsch
    Schluß der Fassung II (Fragment aus der 1. Hälfte des 15. Jahrhunderts, Schreiber: *Johannes Seydenswanntz* [= Pseudonym für Konrad Bollstatter])

8. 96rb–104vb — Prozeßbüchlein
    Unvollständig

9. 105^r–128^v — ›Eckenlied‹
    Bruchstück mit Sonderstrophen: 105^r–106^v, 108^r–126^v Fragment m$_1$; 107^{rv} Fragment m$_2$

10. 129^r–137^v — Fragmente aus Losbüchern, deutsch

11. 138ra–145vb — Petrus Pictaviensis, ›Compendium historiae veteris ac novi testamenti‹, deutsch
    Schluß fehlt

12. 146^r–157^r — ›Speculum humanae salvationis‹, deutsch
    Fragment

I. Kodikologische Beschreibung siehe Nr. 29.1.3.

II. Eine ausgeführte Federzeichnung zu Text 15 (190ᵛ), zahlreiche Freiräume für nichtausgeführte Illustrationen, u. a. zu Text 1 (1ʳ), Text 13 (158ᵛ, 160ʳ, 161ᵛ, 162ᵛ), Text 14 (Leerräume für acht Illustrationen sowie 163ᵛ Rahmen für ein Rundbild, in schwarzer Tinte angelegt, eventuell für ein Autorenportrait gedacht wie in der Handschrift Berlin, Staatsbibliothek – Preußischer Kulturbesitz, Ms. germ. fol. 564, 7ᵛ, die 1472 ebenfalls von Konrad Bollstatter geschrieben wurde und die didaktischen Reimreden Heinrichs des Teichners enthält, vgl. Aderlaß und Seelentrost [2003], Kat. Nr. 96, S. 190, Abb. S. 189), Text 15 (177ʳ, 178ʳ, 179ʳ [Rahmen angelegt], 179ᵛ, 180ᵛ, 181ʳ, 181ᵛ, 183ʳ, 184ʳ, 184ᵛ, 185ᵛ, 187ᵛ, 189ʳ), Text 17 (212ᵛ).
Der Freiraum zu Steinhöwels ›Von den berühmten Frauen‹ (212ᵛ, Hälfte des Textspiegels, 16 Zeilen hoch) kann sowohl für eine Initiale mit Rankenwerk nach dem Vorbild des Zainer-Drucks als auch für eine eingerückte Illustration vorgesehen gewesen sein. Da der Text, der dem Druck Zainers folgt, mit dem lateinischen Zitat zum zweiten Kapitel endet, sind keine Rückschlüsse auf das Ausstattungskonzept möglich. Die einzige ausgeführte Illustration in der Handschrift (190ᵛ), eine unkolorierte, rot gerahmte, sehr feine Federzeichnung zur ›Melusine‹ Thürings von Ringoltingen (Text 15), ist eine Kopie des Holzschnittes aus der Erstausgabe Bernhard Richels, Basel ca. 1473/74 (GW 12656; Abb. bei Schramm 21 [1938] Taf. 72 Abb. 338), siehe Stoffgruppe 90.
   Zu Text 1 siehe Stoffgruppe 100. Pilger- und Reisebücher, zu Text 9 siehe Nr. 29.1.3. ›Eckenlied‹, zu Text 13 siehe Stoffgruppe 49. ›Griseldis‹, zu Text 14 siehe Stoffgruppe 49a. ›Guiscard und Sigismunda‹.

Literatur: Schneider (1970) S. 139–146. – Lehmann-Haupt (1929) S. 112. 206f.; Weh-mer (1955) S. 158 mit Abb. (2ʳ); Hess (1975) S. 44–46.

**40a.0.2. New York, The New York Public Library,
Spencer Collection, Ms. 105**

Nach 1474, vermutlich um 1480. Ulm.
Aus der Sammlung Alfred Henry Huth, nach dessen Tod bei Sotheby's am
19.11.1911 (lot 797) versteigert. Dann über Leighton and Sabin, London, an
Maggs, London, weiterverkauft. 1930 von Maggs an Quaritch, von dort 1951 an
die Public Library New York gekommen.

Inhalt:

1. 1ʳ–157ʳ   Heinrich Steinhöwel, ›Von den berühmten Frauen‹
              1ʳ–6ʳ Inhaltsverzeichnis, nicht foliiert; 7ʳ–157ʳ Text, originale Blattzäh-
              lung *I–clj*

2. 160ʳ–173ʳ Heinrich Steinhöwel, ›Griseldis‹
              160ʳ Vorwort, 160ʳ–161ᵛ deutsche Übersetzung der Vorrede Petrarcas,
              161ᵛ–173ʳ Text, originale Blattzählung *cliiij–clxviij*

I. Papier, 176 Blätter, originale Blattzählung (*I–cxlviij*) rot am oberen Rand in
der Seitenmitte, beginnt nach dem Inhaltsverzeichnis (1ʳ–6ʳ); *cxxxix* und *cl–clxx*
von anderer Hand in Braun nachgetragen. 297 × 212 mm, Schriftraum: 205 ×
141 mm, oben und am rechten Rand beschnitten, einspaltig, vertikale Linierung
mit hellbrauner Tinte, Bastarda, mindestens drei Hände (Hamburger [2005]:
A: 1ʳ–64ᵛ, B: 64ᵛ–148ᵛ, 152ʳ–155ʳ, C: 149ʳ–151ᵛ, 156ʳ–173ʳ; Fischer-Heetfeld
[1992] S. 672: eine Hand oder zwei Hände), 31–39 Zeilen auf den Seiten ohne
Illustrationen, Rubrizierung (Strichelung von Anfangsbuchstaben, Unterstrei-
chungen, roter Schrägstrich bei Satzende, roter Doppelstrich für Worttrennung,
rote Kapitelüberschriften), Leerräume für drei- bis vierzeilige Initialen: Text-
korrekturen in Marginalien, Richtigstellung der vertauschten Kapitel 52 und 54.
Schreibsprache: schwäbisch.

II. 75 kolorierte, gerahmte Federzeichnungen zu Text 1 (10ᵛ, 13ʳ, 14ʳ, 15ʳ, 17ʳ,
18ᵛ, 20ʳ, 21ᵛ, 23ʳ, 25ʳ, 27ʳ, 29ᵛ, 30ᵛ, 32ᵛ, 34ᵛ, 36ᵛ, 37ᵛ, 38ᵛ, 41ᵛ, 43ᵛ, 44ʳ, 45ᵛ, 48ʳ, 49ᵛ,
51ᵛ, 52ᵛ, 54ᵛ, 55ʳ, 57ʳ, 58ʳ, 59ʳ, 61ᵛ, 63ʳ, 64ᵛ, 66ʳ, 67ʳ, 72ᵛ, 75ʳ, 76ᵛ, 80ᵛ, 82ᵛ, 84ᵛ, 87ᵛ,
89ʳ, 92ʳ, 95ʳ, 98ᵛ, 103ʳ, 104ʳ, 105ʳ, 106ʳ, 107ᵛ, 109ʳ, 111ᵛ, 114ʳ, 116ʳ, 121ᵛ, 122ᵛ, 123ᵛ,

125ʳ, 128ᵛ, 133ʳ, 134ʳ, 136ʳ, 139ʳ, 140ʳ, 141ʳ, 144ᵛ, 146ʳ, 150ʳ, 152ʳ, 155ʳ), davon drei
auf separaten Blättern nachträglich eingefügt (nach 35ᵛ: Virginea und Virgineus
[nach: Orithia und Antiope, Kap. 18, falsch plaziert, da eigentlich Kap. 56]; nach
73ᵛ: Rhea Ilia, Kap. 43; nach 114ᵛ: Itrapantis [bei Steinhöwel Frau des Drigia-
gontis], Kap. 72), drei Hände (I: 9ᵛ, 10ᵛ, 13ʳ; II: übrige Textillustrationen; III: die
drei nachträglich eingefügten Illustrationen). Zwei Initialen mit Rankenwerk: 7ʳ
(Initiale D von Engeln gehalten, darin weiterer Engel mit Wappen Jakobs von
Schottland, Vater Eleonores, weitere Wappen im Blattwerk, oben: Österreich,
links: Sigismund von Österreich, darunter: Heinrich Steinhöwel), 9ᵛ (Initiale S
mit Rankenwerk, darin links: Sündenfall Adams und Evas, oben: die sieben
Todsünden, oberer Rand beschnitten), ein Freiraum für nicht ausgeführte Illustration 35ᵛ (Orithia und Anthiope, Kap. 18), Freiräume für nicht ausgeführte
drei- bis vierzeilige Initialen an den Kapitelanfängen.

Format und Anordnung: Schriftspiegelbreite, querrechteckige Federzeichnungen von ca. halber Schriftspiegelhöhe am Kopf und am Fuß der Seite und zwischen dem Text, durchgehend von roter Pinsellinie gerahmt. Format schwankt
geringfügig (70–80 × 115–125 mm), einige Illustrationen nahezu quadratisch
(57ʳ Cassandra, Kap. 32: 107 × 120 mm; 72ᵛ Nicaula, Kap. 71: 97 × 120 mm). Im
hinteren Teil der Handschrift ist der Rahmen mitunter in den verbleibenden
Freiraum der oberen oder unteren Textzeile erweitert (92ʳ Arthemisia, Kap. 55;
133ʳ Agrippina, Kap. 85; 140ʳ Pompeia Paulina, Kap. 89; 144ᵛ Faustina, Kap. 93).
Wie im Druck Zainers wurden die Illustrationen jeweils zu Beginn der Kapitel
plaziert.

Bildaufbau und -ausführung: Die Textillustrationen wie auch die Initialen mit
Rankenwerk folgen den Holzschnitten der deutschen Erstausgabe Johann
Zainers (Nr. 40a.o.a.) bis ins Detail und übernehmen auch deren Namensbeischriften im Bildraum. Sowohl die Auswahl der illustrierten Kapitel als auch die
dargestellten Szenen stimmen überein. Geringe Abweichungen finden sich nur
in Details wie der Landschaftsgestaltung oder der Gewanddrapierung. Sogar
Mißverständnisse wie jenes im Holzschnitt zu Jocaste (Frauenfigur mit Männer-
bein bei Jocaste, Kap. 23, 43ʳ, SCHRAMM 5 [1923], Abb. 36) werden übernommen. Dem Vorbild des Druckes entsprechend fassen die Illustrationen bis zu
drei zeitlich und örtlich getrennte Ereignisse in einem Bild zusammen. Die erste
Hand, die nur zu Beginn der Handschrift arbeitet, zeichnet sich durch die Verwendung brauner Tinte für eine feine, geschlossene Konturlinie sowie kräftige,
kurze Schraffuren aus. Die zweite Hand, der Hauptzeichner, verwendet hinge-
gen schwarze Tinte mit einer breiteren Feder für bewegte, des öfteren abgesetzte

Konturen, variiert die Strichbreite und setzt für die Gewandmodellierung
Hakenfalten, lange Parallelschraffuren zur Schattierung und wenige Kreuzschraffuren ein.

Der Stil des dritten Zeichners, von dem die nachträglich eingefügten Illustrationen stammen, ist durch eine feine Konturgebung mit schwarzer Tinte und
Kreuzschraffuren zur Struktur der Gewänder charakterisiert. Anders als die rot
gerahmten Grundstock-Illustrationen sind die drei Nachtrags-Illustrationen
von einer braunen Pinsellinie umfaßt und unterscheiden sich durch die zusätzliche Verwendung von Rot und Braun auch in der Farbgebung deutlich von den
übrigen Illustrationen.

Die gedrungenen Figuren des Hauptzeichners mit ihren großen Köpfen und
fülligen Gesichtern agieren auf einer Bildbühne, die zumeist nur kursorisch als
Innen- oder Außenraum gekennzeichnet ist. Sie füllen den Bildraum fast in seiner gesamten Höhe. Nur in Ausnahmefällen finden sich tiefenräumlich gestal-
tete Landschaften oder Innenräume (Tisbe, Kap. 12, 24ʳ; Sappho, Kap. 45, 75ᵛ).
Im letzten Drittel des Textes (ab Armonia, Kap. 67, 106ʳ) überschneiden die
Figuren häufiger den Rahmen zugunsten einer verstärkten Nahsicht.

Bildthemen: Aus der Bilderfolge des Zainer-Drucks (Nr. 40a.o.a.) wurden nur
vier Illustrationen zunächst nicht übernommen (Rhea Ilia, Kap. 43; Virginea
und Virgineus, Kap. 56; Itrapantis, Kap. 76; Claudia Quinta, Kap. 74), drei
davon jedoch von der dritten Hand auf separaten Blättern nachträglich eingefügt (Virginea, Kap. 56, nach 35ᵛ, Rhea Ilia, Kap. 43, nach 73ᵛ, und Itrapantis,
Kap. 72, nach 114ᵛ). Für den Leerraum 35ᵛ zum Kapitel 18 über Orithia und
Anthiope bot die Holzschnittfolge Zainers kein Vorbild.

Die ausgewählten Szenen zeigen bevorzugt Liebesszenen, die an zeitgenössischen Darstellungen von Liebespaaren und Liebesgärten orientiert sind, und
den Tod der Protagonistin, wobei auch exotische Todesarten und Selbstmorde
gezeigt werden. Die Bildkonstruktionen inszenieren oftmals eine Gegenüber-
stellung von Handlung – z. B. das unkeusche Verhalten der Protagonistin – und
deren Folge – Tod oder Strafe –, so daß die Illustrationen als moralische Exempel zu lesen sind. Auffällig ist, daß bei der Auswahl der illustrierten Kapitel jene
Protagonistinnen kaum berücksichtigt wurden, die sich als Dichterinnen und
Künstlerinnen durch ihre intellektuellen Fähigkeiten oder als Kriegsherrinnen
durch Tapferkeit und Waffenbeherrschung auszeichnen.

Farben: Lavierende Kolorierung der Grundstock-Zeichnungen in blassen Tönen,
vorwiegend Hellrosa, Violettrosa, Blau, Grau, Hellocker, Olivgrün, Blaugrün,
Weiß des Papiers bleibt häufig zur Höhung von Gewandpartien frei, Rot wird

nur für die Rahmen und bei den Wappen im Rankenschmuck eingesetzt. Braun und Rot lediglich in den Nachtragszeichnungen.

Literatur: Bühler (1960) S. 66 Nr. 3; Fischel (1963) S. 25. 27 [irrtümlich zitiert als Ms. 62]; Fischer-Heetfeld (1992) S. 672 f.; Jeffrey Hamburger in: Splendor (2005) S. 422–426, Abb. S. 423: (13ʳ). S. 424 (nach 35ᵛ); Domanski (2007) S. 46–270 [Bildthemen im Druck Johann Zainers]; einzelne Bilder online über: http://digitalgallery.nypl.org (1ʳ, 7ʳ, 8ᵛ, 55ᵛ, 64ᵛ; letzter Zugriff: 27. 10. 2009).

Abb. 200: 48ʳ.

DRUCKE

40a.0.a.   Ulm: Johann Zainer, [1473, nicht vor 15. August]

2°, 148 Blätter (acht Blätter unnumeriert, Zählung beginnt mit Kapitel 1 [Eva, 9ʳ]), einspaltig, 32–34 Zeilen.

76 Holzschnitte von 76 Stöcken (10ʳ, 12ʳ, 13ʳ, 14ʳ, 16ʳ, 17ᵛ, 19ʳ, 20ᵛ, 22ʳ, 23ᵛ, 25ᵛ, 27ᵛ, 29ʳ, 30ᵛ, 32ᵛ, 34ᵛ, 35ᵛ, 36ᵛ, 39ʳ, 40ᵛ, 41ᵛ, 42ᵛ, 45ʳ, 45ᵛ, 48ʳ, 49ʳ, 51ʳ, 52ᵛ, 53ᵛ, 54ᵛ, 55ᵛ, 59ʳ, 60ᵛ, 62ʳ, 64ʳ, 65ʳ, 70ʳ, 71ʳ, 73ʳ, 74ʳ, 77ᵛ, 79ʳ, 80ʳ, 83ʳ, 85ʳ, 87ᵛ, 90ᵛ, 94ʳ, 95ᵛ, 98ʳ, 99ʳ, 100ʳ, 101ʳ, 102ʳ, 103ᵛ, 106ʳ, 108ʳ, 108ᵛ, 110ʳ, 111ᵛ, 114ᵛ, 115ᵛ, 116ᵛ, 118ʳ, 121ʳ, 125ᵛ, 126ᵛ, 128ᵛ, 131ᵛ, 132ᵛ, 133ᵛ, 137ʳ, 138ᵛ, 142ʳ, 143ᵛ, 146ʳ; 136ʳ Leerraum für Holzschnitt (Proba); zwei Zierleisten (zur Widmung 6ʳ, zu Eva 9ʳ), Initialen.
    Wiederverwendung der Druckstöcke (80 × 110 mm) der lateinischen Ausgabe Johann Zainers (GW 4483) und der Zierleiste zu Eva außer vier Platten: Hecuba (Kap. 32, Schramm 5 [1923], Abb. 45), Atalia (Kap. 50, Schramm 5 Abb. 60), Hyppo (Kap. 51, Schramm 5 Abb. 62), Mariamne (Kap. 82, Schramm 5 Abb. 84). Für die von Steinhöwel verfaßte Widmung an Eleonore von Österreich wurde eine Zierleiste (Schramm 5 Abb. 97) und für das von ihm zusätzlich eingefügte Kapitel zu Tullia ein eigener Holzschnitt angefertigt (Kap. 46, Domanski [2007] S. 144, Abb. 49). Auf 136ʳ (Proba, Kap. 92) Leerraum für einen Holzschnitt, die lateinische Ausgabe enthält an dieser Stelle keine Illustration.

Zur Identität des Zeichners der Ulmer Holzschnitte sind verschiedene Vorschläge gemacht worden: Die Illustrationen wurden einerseits dem Hausbuchmeister zugeschrieben (LEONHARDT/BOSSERT [1912] S. 133–135), andererseits aber auch mit der Augsburger Buchmalerei verglichen (ROSENTHAL [1913] S. 197). Ausgehend von der Illustrationsfolge wurde ein »Boccaccio-Meister« vorgeschlagen (WEIL [1923] S. 24 ff.), der in der Folge mit Ludwig Schongauer identifiziert wurde (STANGE [1954] S. 82–93). Nach LILLI FISCHEL (1963) S. 34 hat ein Ulmer Reißer die Holzschnittserie nach einer nicht erhaltenen südniederländischen Handschrift angefertigt. Bildauswahl und Ikonographie, oft Kompilationen geläufiger zeitgenössischer Bildthemen, lassen jedoch eine eigenständige Konzeption vermuten (DOMANSKI [2007] S. 130 f.).

Literatur: HAIN 3333; GW 4486. – MUTHER (1884) Nr. 96, Taf. 38–41; DRESCHER (1895) S. IX–X; PELLECHET/POLAIN (1897–1909) Nr. 2476; VOULLIÉME (1906–1927) Nr. 2617; SCHREIBER (1910–1911) Nr. 3506; SCHRAMM 5 (1923) S. 3–5. 18, Abb. 15. 17–44. 46–59. 61. 63–83. 85–98 (66 und 95 sind identisch); GOFF (1964) B 720; AMELUNG (1979) S. 78 f., Kat.-Nr. 10, Abb. 12 (10^r: Semiramis). 14/15 (147^v/148^r: *Was die puncten bedüten*). 13 (13^r: Juno). 43 (6^r: Widmung). 44 (36^v: Yole). 45 (77^v: Lucrecia). 46 (100^r: Sulpicia). 47 (133^v: Sabina Popea); BSB-Ink (1988–2005) B-561; KATZ (1999) passim; JÜRGEN GEISS in: Aderlaß und Seelentrost (2003) S. 151–153, Kat.-Nr. 70, Farbabb. S. 152 (6^v/7^r: Widmung); JEFFREY HAMBURGER in: Splendor (2005) S. 422–426; DOMANSKI (2007) S. 46– 270 (Bildthemen).

Abb. 201: München, Bayerische Staatsbibliothek, Rar. 704, CXXXIIII^r [moderne Foliierung 142^r].

40a.0.b.   Ulm: Johann Zainer, [um 1474–1475]

2°, 22 ungezählte Blätter, einspaltig, Zeilenzahl wechselnd.

80 Holzschnitte von 80 Stöcken: 2^r (Eva, Semiramis), 2^v (Ops, Juno), 3^r (Ceres, Pallas), 3^v (Venus, Isis), 4^r (Europa, Marsepia und Lampedo), 4^v (Tisbe, Hypermestra), 5^r (Nyobe, Ysiphile), 5^v (Medea, Aragne), 6^r (Erithrea, Medusa), 6^v (Deyanira, Yole), 7^r (Jocaste, Amalthea), 7^v (Nicostrata, Procris), 8^r (Argia, Mantho), 8^v (Frauen der Menier, Penthesilea), 9^r (Polixena, Hecuba), 9^v (Cassandra, Clytemnestra), 10^r (Camilla, Penelope), 10^v (Helena, Circe), 11^r (Lavinia, Dido), 11^v (Nicaula, Rhea Ilia), 12^r (Sappho, Tullia), 12^v (Tamiris, Lucretia), 13^r (Leena, Atalia), 13^v (Cloelia, Hyppo), 14^r (Veturia, Arthemisia), 14^v (Virginea, Olympias), 15^r (Virginea, Romana), 15^v (Marcia, Sulpicia), 16^r (Armonia, Busa), 16^v (Sophonisba, Theosena), 17^r (Beronice, Frau des Drigiagontis), 17^v (Tercia Emilia, Claudia), 18^r (Kimberinnen, Julia), 18^v (Porcia, Hortensia), 19^r (Mariamne,

Cleopatra), 19ᵛ (Agrippina, Paulina), 20ʳ (Agrippina, Epitharis), 20ᵛ (Sabina Popea, Pompeia Paulina), 21ʳ (Faustina, Semiamira), 21ᵛ (Päpstin Johanna, Irene), 22ʳ (Constanze); eine Zierleiste (Eva, 2ʳ).

Der Druck enthält sämtliche Holzschnitte der lateinischen Ausgabe Zainers mit Bildtituli, jedoch ohne den Text, sowie den Holzschnitt zu dem von Steinhöwel in die deutsche Ausgabe eingefügten Kapitel (Tullia). Auf jeder Recto- und Versoseite ab 2ʳ sind je zwei Holzschnitte abgedruckt, die Texte des deutschen Inhaltsverzeichnisses dienen als Bildüberschriften.

Einziges Exemplar: Berlin, Staatliche Museen Preußischer Kulturbesitz, Kupferstichkabinett, Ink. 130 bl. (Sign. 2633). Bei dem im GW 4489 genannten Exemplar Baer-Frankfurt (= Antiquariat Joseph Baer, Frankfurt a. M.) handelt es sich um die lateinische Ausgabe Zainers (Frankfurter Bücherfreund [1911] Nr. 4493, [1912] Nr. 834, [1913] Nr. 952).

Literatur: HAIN 3334; GW 4489. – DRESCHER (1895) S. XV; VOULLIÉME (1906–1927) Nr. 2618; SCHRAMM 5 (1923) S. 3–5. 18; Giovanni Boccaccio, Von den berühmten Frauen. Verteütscht von Hainrich Steinhöwel. Mit den Holzschnitten der Ausgabe von Joh. Zainer. Ulm 1473. Hrsg. von SIMON HOEPFL. München 1924 (alle Abbildungen bis auf Hecuba, Atalia, Hyppo und Mariamne); JÜRGEN GEISS in: Aderlaß und Seelentrost (2003) S. 153 f.; Kat.-Nr. 71, Abb. S. 153 (10ᵛ/11ʳ).

Abb. 202: Berlin, Staatliche Museen Preußischer Kulturbesitz, Kupferstichkabinett, Ink. 130 bl. (Sign. 2633), 7ᵛ.

40a.0.c. Augsburg: Anton Sorg, 1479

2°, 148 Blätter (acht ungezählte Blätter, Blattnumerierung beginnt mit dem ersten Kapitel [Eva, 9ʳ]), einspaltig, 30–33 Zeilen.

79 Holzschnitte von 79 Stöcken (9ʳ, 10ʳ, 12ʳ, 13ᵛ, 14ᵛ, 16ʳ, 18ʳ, 19ᵛ, 21ʳ, 22ʳ, 23ᵛ, 26ʳ, 28ʳ, 29ᵛ, 31ʳ, 33ᵛ, 35ʳ, 36ʳ, 37ʳ, 40ʳ, 40ᵛ, 42ʳ, 43ʳ, 45ᵛ, 47ʳ, 48ᵛ, 49ᵛ, 51ᵛ, 52ᵛ, 54ʳ, 55ʳ, 56ʳ, 59ʳ, 60ᵛ, 62ʳ, 64ʳ, 65ʳ, 71ʳ, 71ᵛ, 73ᵛ, 74ʳ, 77ᵛ, 79ᵛ, 81ʳ, 82ʳ, 84ʳ, 85ʳ, 85ᵛ, 88ᵛ, 91ᵛ, 94ᵛ, 96ʳ, 99ʳ, 100ʳ, 100ᵛ, 102ᵛ, 103ʳ, 104ᵛ, 106ᵛ, 108ᵛ, 109ʳ, 110ᵛ, 112ʳ, 115ʳ, 116ʳ, 117ʳ, 118ʳ, 121ʳ, 125ᵛ, 126ᵛ, 128ᵛ, 131ʳ, 132ᵛ, 133ᵛ, 136ᵛ, 138ʳ, 141ᵛ, 143ʳ, 145ᵛ), Initialen.

Die Holzschnitte (ca. 80 × 115 mm) sind – mit Ausnahme der Illustration zu Sappho (SCHRAMM 4 [1921] Abb. 438) – seitenverkehrte Kopien der Illustrationen der deutschen Ausgabe Zainers (Nr. 40a.0.a.). Die Zierleisten Zainers für die Widmung und das erste Kapitel wurden nicht übernommen. Für Eva (9ʳ) wurde ein einfach gerahmter Holzschnitt mit dem Sündenfall angefertigt

(SCHRAMM 4 [1921] Abb. 399). Zwei Holzschnitte, die der deutsche Erstdruck Zainers nicht enthält, wurden nach seiner lateinischen Ausgabe kopiert (Atalia, 82ʳ, SCHRAMM 4 Abb. 443; Hyppo, 85ʳ, SCHRAMM 4 Abb. 445).

Literatur: HAIN 3335; GW 4487. – ZAPF (1786) S. 54; MUTHER (1884) Nr. 91; DRESCHER (1895), S. X; PELLECHET/POLAIN (1897–1909) Nr. 2477; VOULLIÉME (1906–1927) Nr. 112; SCHREIBER (1911) Nr. 3508; SCHRAMM 4 (1921) S. 11–14. 50, Abb. 399–477; GOFF (1964) B 721; BSB-Ink (1988–2005) B-562.

Abb. 203: München, Bayerische Staatsbibliothek, 2 Inc.c.a. 828, 35ʳ [moderne Foliierung 43ʳ].

40a.0.d.   Straßburg: Johann Prüss, 1488

2°, 104 Blätter (acht ungezählte Blätter, Blattnumerierung beginnt mit dem ersten Kapitel [Eva, 9ʳ]), einspaltig, 36–37 Zeilen. Titelblatt 1ʳ: *Iohannes Boccatius / von den erlychtē frouen.*

77 Holzschnitte von 77 Stöcken (9ʳ, 9ᵛ, 11ʳ, 12ʳ, 12ᵛ, 14ʳ, 15ʳ, 16ʳ, 17ʳ, 18ʳ, 19ʳ, 20ᵛ, 22ʳ, 23ʳ, 24ʳ, 25ᵛ, 27ʳ, 27ᵛ, 28ᵛ, 30ᵛ, 31ʳ, 32ʳ, 32ᵛ, 34ᵛ, 35ᵛ, 36ᵛ, 37ʳ, 38ᵛ, 39ʳ, 40ᵛ, 41ʳ, 42ʳ, 44ʳ, 45ʳ, 46ʳ, 47ᵛ, 48ʳ, 51ᵛ, 52ᵛ, 54ʳ, 54ᵛ, 56ᵛ, 58ʳ, 59ʳ, 61ʳ, 62ʳ, 64ʳ, 66ʳ, 68ʳ, 69ᵛ, 71ʳ, 72ʳ, 72ᵛ, 73ʳ, 74ʳ, 75ʳ, 76ᵛ, 77ʳ, 78ʳ, 79ʳ, 80ʳ, 82ʳ, 83ʳ, 83ᵛ, 84ʳ, 86ʳ, 89ʳ, 90ʳ, 91ʳ, 93ʳ, 94ʳ, 94ᵛ, 96ᵛ, 98ʳ, 100ʳ, 101ʳ, 102ʳ), Initialen.
  Bis auf die Zierleisten zur Widmung und zum ersten Kapitel Wiederverwendung der Druckstöcke der deutschen Ausgabe Johann Zainers. Statt der Zierleiste zu Kap. 1 (Eva) ein ungerahmter Holzschnitt (80 × 75 mm) mit dem Sündenfall (SCHRAMM 20 [1937] Abb. 1228). Neue Druckstöcke außerdem für Ysiphile (23ʳ, SCHRAMM 20 Abb. 1229), Medea (24ʳ, SCHRAMM 20 Abb. 1230) und Faustina (96ᵛ, SCHRAMM 20 Abb. 1231) nach dem Vorbild des Zainer-Drucks, jedoch ohne die Namensbeischriften.

Literatur: HAIN 3336; COPINGER 3336; GW 4488. – MUTHER (1884) Nr. 514; DRESCHER (1895) S. XI; SCHREIBER (1911) Nr. 3509; SCHRAMM 20 (1937) S. 10. 25, Abb. 1228–1231; HIERONYMUS (1972/1983) Kat.-Nr. 181, S. 103 f.; BSB-Ink (1988–2005) B-563; VAN DER HAEGEN (2006) 20,14.

Abb. 204: Basel, Universitätsbibliothek, AL IV 16, XVIʳ [= 24ʳ].

40a.0.e. Augsburg: Heinrich Steiner, 1541

2°, 96 Blätter (sechs Blätter ungezählt, Blattnumerierung beginnt mit dem ersten Kapitel [Eva 7^r]), einspaltig, 41–43 Zeilen. Titelblatt 1^r: *Ein schöne Croni=/ca oder hystori bůch von den für=/nåmlichsten Weybern, so von Adams zeyten an geweszt,/ Was gůttes oder böses je durch sy geuebt, Auch was nachmaln/ gůttes oder böses darauß entstanden. Erstlich/ durch Iohannem Boccatium iñ Latein beschriben, nachmaln durch Doctorem Henricum Steinhöwel iñ das Teütsch gebracht,/ Allen frommen Weybern zů einer Eer und exempel fürgemalt, Und den bösen zů einer besserung und warnung. Mit schönen Figuren durch/ auß geziert, Ganz nutzlich, lustig und kurtzweilig zů lesen.*

81 Holzschnitte von 79 Stöcken (1^r, 6^v, 7^r, 8^r, 9^v, 10^r, 10^v, 11^v, 12^v, 13^v, 14^v, 15^r, 16^r, 17^v, 18^v, 19^v, 20^v, 21^v, 22^v, 23^v, 24^r, 25^v, 26^r, 26^v, 27^v, 29^r, 30^r, 30^v, 31^v, 32^v, 33^r, 34^r, 34^v, 37^r, 38^r, 39^r, 40^r, 41^r, 43^r, 44^v, 45^v, 46^r, 48^r, 49^r, 50^r, 50^v, 52^r, 52^v, 53^v, 55^r, 57^r, 59^r, 60^r, 61^v, 62^r, 62^v, 63^r, 64^r, 65^r, 66^r, 67^r, 67^v, 68^v, 69^v, 71^r, 72^r, 72^v, 73^v, 75^v, 78^r, 78^v, 80^r, 81^v, 82^v, 83^r, 85^r, 86^r, 88^r, 89^r, 90^v, 95^r), Initialen.

Die 77 Textholzschnitte (70 × 100 mm) sind seitenverkehrte Neuschnitte nach den Illustrationen der deutschen Ausgabe Zainers und werden Jörg Breu d. Ä. zugeschrieben (BELLOT [1982] S. 146). Die Auswahl der illustrierten Kapitel und der dargestellten Szenen wurden bis in Einzelheiten übernommen, jedoch hinsichtlich der Figurengestaltung und der Gewänder dem Zeitstil angepaßt. Zwei Holzschnitte wurden wiederholt: jener zu Marsepia und Lampedo (15^r) bei Camilla (38^r) sowie derjenige zu Sappho (45^v) bei Rhea Ilia (44^v). Das Kapitel zu Helena wurde nicht illustriert, die Kapitel zu Atalia (50^r) und Hyppo (52^v) wurden wie schon in der Ausgabe Sorgs nach den Holzschnitten in Zainers lateinischer Ausgabe illustriert.

Vier weitere Holzschnitte: 1^r (Titelblatt): Drei Frauen unter Baldachin (131 × 141 mm, DODGSON [1912] S. 287; DOMANSKI [2004] S. 192, Abb. 3). – 6^v: Innenraum mit fünf Personen (160 × 140 mm): verworfene Illustration zum ›Theuerdank‹ von Leonhard Beck (DODGSON [1912] S. 285, Abb. 1; KUNZE [1993] S. 237), darunter ein Fries mit Ranken (31 × 125 mm). – 7^r: Sündenfall (143 × 152 mm) mit dem Monogramm Hans Schäufeleins, bereits im ›Memorial der Tugend‹ von Johann von Schwarzenberg verwendet, das Steiner 1534 druckte (MUTHER [1884] Nr. 1118; OLDENBOURG [1964] S. 98, L 192, L 194; SCHREYL [1990] Nr. 929). – 95^r: zu Johanna von Sizilien: frontal thronende Königin, umgeben vom Hofstaat (155 × 140 mm), bereits im 1517 von Johann Schönsperger d. Ä. gedruckten ›Theuerdank‹ verwendet und Leonhard Beck zugeschrieben (MUTHER [1884] Nr. 845; FÜSSEL [2003] S. 57).

Auf 91ʳ–96ʳ drei Kapitel, die sich in Steinhöwels Übersetzung nicht finden: 91ʳ–92ᵛ Camiola (Zainer, lateinische Ausgabe, Kap. 103); 92ᵛ–94ᵛ Brunchilde, Königin von Frankreich (aus Boccaccios ›De casibus virorum illustrium‹, IX, 1); 94ᵛ–96ʳ Johanna, Königin von Jerusalem und Sizilien (Zainer, lateinische Ausgabe, Kap. 104).

Literatur: VD16 B 5816. – MUTHER (1884) Nr. 930. Nr. 1118; DRESCHER (1895) S. XI; DODGSON (1912) S. 284–287; OLDENBOURG (1964) I, S. 94 Nr. 674. S. 98 L 192; Index Aureliensis (1969/1970) I/4 S. 343; BELLOT (1982) S. 146; SCHREYL (1990) I, S. 156, Nr. 929, II, Abb. Nr. 929; KUNZE (1993) I, S. 237; FÜSSEL (2003) S. 57; DOMANSKI (2004) S. 193 f., Abb. 3 (Titelblatt); RESKE (2007) S. 34 f.

Abb. 205: Basel, Universitätsbibliothek, AP I 37 (2), 66ᵛ.

40a.0.f.   Augsburg: Heinrich Steiner, 1543

Unveränderte Neuauflage der Ausgabe von 1541, bis auf den Fries 6ᵛ: Portrait-Medaillon einer gekrönten Frau, seitlich Medaillons mit weiblichen Profilen (45 × 120 mm).

Literatur: VD16 B 5817. – MUTHER (1884) Nr. 1118; DRESCHER (1895) S. XII; OLDENBOURG (1964) I, S. 94 Nr. 674. S. 98 L 192, L 194; BELLOT (1982) S. 146; Index Aureliensis (1969/1970) I/4, S. 344; DOMANSKI (2004) S. 193 f., Abb. 3 (Titelblatt); RESKE (2007) S. 34 f.

40a.0.g.   Frankfurt am Main: Martin Lechler, 1566

8°, 272 Blätter (16 Blätter ungezählt, 255 Blätter numeriert, ein Blatt unnumeriert), Zählung beginnt mit dem ersten Kapitel (Eva, 17ʳ), ein Blatt unnumeriert, einspaltig, 24 Zeilen. Titelblatt 1ʳ: *Ein Schön/ Hystory Buch, von den für=/nembsten Weibern, so von Adams/ zeiten an geweszt, was guter und böses jhe/ durch sie geübet, Auch was nachmals darausz entstanden./ Durch den Hochgelehrten vnd weit=/berühmten Iohannem Boccatium in La=/tein beschrieben, nachmals durch D. Henricum/ Steinhöwel in teutsch vertiert, allen frommen/ Weibern zu einer Ehr vnd exempel fürgemalt,/ Vnd den bösen zu einer besserung vñ warnung,/ Mit schönen Argumenten, gantz nützlich,/ lustig, vnd kurtzweilig zu lesen.*

47 Holzschnitte von 33 Stöcken, einige zweifach wiederholt (1ʳ, 17ʳ, 20ᵛ, 23ᵛ, 25ʳ, 27ʳ, 30ʳ, 33ʳ, 37ᵛ, 41ʳ, 42ᵛ, 46ʳ, 50ʳ, 52ʳ, 55ʳ, 59ʳ, 61ᵛ, 65ᵛ, 70ʳ, 71ᵛ, 73ᵛ, 76ʳ, 80ᵛ, 82ᵛ, 85ᵛ, 87ᵛ, 91ᵛ, 92ᵛ, 96ᵛ, 98ᵛ, 114ᵛ, 123ᵛ, 125ᵛ, 129ʳ, 130ʳ, 130ᵛ, 137ʳ, 140ᵛ, 149ᵛ, 161ʳ, 174ʳ, 177ʳ, 179ʳ, 180ᵛ, 193ʳ, 203ʳ, 216ʳ, 220ᵛ, Initialen.

Der Text enthält wie bei Steiner (Nr. 40a.0.e., 40a.0.f.) auch die Kapitel zu Camiola, Brunchilde und Johanna von Sizilien. Titelblatt 1ʳ Vignette: Cimon im Kerker von seiner Tochter gesäugt (60 × 70 mm). Die Textholzschnitte (46–48 × 69–70 mm) sind wohl überwiegend als Illustrationen für andere Werke entstanden und haben daher kaum einen Zusammenhang mit dem Text Steinhöwels.

Literatur: VD16 B 5818. – DRESCHER (1895) S. XII–XIII; Index Aureliensis (1969/1970) I/4, S. 345; RESKE (2007) S. 233 f.

40a.0.h.   Frankfurt am Main: Martin Lechler, 1576

Unveränderte Neuauflage der Ausgabe von 1566 mit neuem Titelblatt 1ʳ: *Historien/ von Allen/ den fürnembsten Weibern, so/ von Adams zeiten an geweszt, was gutes/ und böses je durch sie geübet, Auch was nachmals/ darausz entstanden, Allen frommen Weibern zu einer Ehr vnd/ exempel fürgemalt, Vnd den bösen zu einer besserung und war=/nung, Mit schönen Argumenten, gantz nuetzlich, lustig/ und kurtzweilig zu lesen, Jetzundt zum andern/ mal in truck verfertiget, durch/ D. Henricum Steinhöwel von Weil./ Getruckt zu Frankfurt am Mayn/ MDLXXVI.*
Vignette des Titelblatts 1ʳ: Fortuna (?) auf einem Rad stehend (52 × 52 mm).

Literatur: DRESCHER (1895) S. XII; Index Aureliensis (1969/1970) I/4, S. 356; RESKE (2007) S. 333 f.

STOFFGRUPPE 40 A BEARBEITET VON KRISTINA DOMANSKI

41. ›Friedrich von Schwaben‹

Die vielfältigen Abenteuer Friedrichs von Schwaben (Henkel [1987] Sp. 358.
360; Ridder [1998] S. 167–172; Schöning [1991] S. 149. 151 f.), des Sohnes
Herzog Heinrichs von Schwaben, sind in sechs reinen Texthandschriften
überliefert (Frankfurt, Universitätsbibliothek Johann Christian Senckenberg,
Ms. germ. qu. 7, datiert 1500; Karlsruhe, Badische Landesbibliothek, Cod.
Donaueschingen 109, datiert 1532; München, Bayerische Staatsbibliothek, Cgm
5237, spätes 15. Jahrhundert, enthält ›Friedrich von Schwaben‹ und einzelne
abgeschriebene Urkunden; Stuttgart, Württembergische Landesbibliothek,
HB XIII 3, datiert 1478, enthält ›Friedrich von Schwaben‹ zusammen mit ›Pontus und Sidonia‹; Wien, Österreichische Nationalbibliothek, Cod. 2984, datiert
1464, enthält neben ›Friedrich von Schwaben‹ noch Pseudo-Aristoteles, ›Sec-
reta Secretorum‹ und eine Reihe anderer Texte; Wolfenbüttel, Herzog August
Bibliothek, Cod. Guelf. 69.10. Aug. 2°, um 1480/82). Alle Manuskripte sind in
schwäbischer Mundart geschrieben und wohl auch im entsprechenden Raum
entstanden (Schöning [1991] S. 41–66; Ridder [1998] S. 391–394). In das Wol-
fenbütteler Exemplar ist auf den vorderen Spiegel ein Holzschnitt mit der Darstellung eines Ritters eingeklebt, im Münchner Codex wurde 1ʳ der Blattrand
mit Zierstempeln ausgezeichnet, die später eingefügt sein dürften. Bei nahezu
allen Handschriften ist der Schreiber bekannt. Es scheint sich um Abschriften
zu handeln, die von geübten Kräften hergestellt und – wie im Fall des Frankfurter Exemplars von Michael Humel von Schwenningen, der als Richter
amtierte – vielleicht für den Eigenbedarf angefertigt wurden. Lediglich die Heidelberger Handschrift (Universitätsbibliothek, Cod. Pal. germ. 345) ist mit Illustrationen zum ›Friedrich von Schwaben‹ ausgestattet (Nr. 41.0.1.).
Der als eigenes Faszikel von einem anderen Schreiber als der vorangehende
›Lohengrin‹ geschriebene ›Friedrich von Schwaben‹ setzt mit einer über acht
Zeilen reichenden roten Initiale ein, in die das Wappen des Hauses Savoyen eingefügt ist. Die Großbuchstaben zu Beginn der Verse sind rot gestrichelt, und die
109 Bilder dienen mit ihren roten Überschriften und den zwei Zeilen über-
greifenden Lombarden zu Beginn des neuen Textes als Kapiteleinschnitte. Alle
Überschriften beginnen, auf das folgende Bild hinweisend, mit *Hy/Hye* …
(hier), nach dem Muster *Hy ret fridrich mit herczog cerminolt* (227ʳ). In der
Regel sind die Bilder querrechteckig in den Text eingeschoben und leiden unter
Platznot. In einigen Fällen sind die Bildüberschriften, die dem Bild zugeordnet
sind, zugleich aber als Kapitelüberschriften dienen, auf der vorangehenden Seite

oder sogar unter dem Bild angebracht (195^v). Kein einziges Bild ist – im Gegensatz zum ›Lohengrin‹ – ganz- oder auch nur halbseitig. Auffällig ist – zumal der Text offenbar recht flüchtig abgeschrieben wurde – die konsequente Beachtung des Schriftspiegels, der seitlich nie und in der Höhe nur sehr selten überschritten wird. Alle Bilder sind mit einem kräftig roten Rahmen vom Textfeld abgegrenzt. Die durchgehende atmosphärische Gestaltung der Landschaften oder Innenräume betont trotz der Beengtheit der Bilder deren Eigenständigkeit als eigenes Medium. Insbesondere die Welt der Zwergin Jerome, die einen Einblick in das Innere des Berges gewährt (240^r–264^v, 343^r–345^r, 361^v–373^v, 374^v–377^r), trägt zu einer in anderen Zyklen dieser Gruppe nicht vorhandenen märchenhaften Stimmung bei. Die gewählten Ausschnitte sind in den meisten Bildern so angelegt, daß sie Momentaufnahmen festzuhalten scheinen, die in einer eigenen Dynamik entweder zum Innehalten oder zum Weiterblättern anregen. Landschaftselemente – wie beispielsweise das den Brunnen, in dem Angelburg und ihre Gefährtinnen in der Mittagszeit ihr Bad nehmen, verbergende Felsmassiv – sind so eingesetzt, daß durch jeweils veränderte Perspektiven der Fortlauf der Geschichte verdeutlicht wird (287^r–296^v). Häufige Motivwiederholungen, die den Stoff in Bildsequenzen unterteilen, unterstützen den Eindruck autonomer Bilddurchblicke. Nur minimal verändert wird beispielsweise Friedrichs Jagd nach der zur Hindin verzauberten Angelburg (183^r, 199^v, 202^r), in der Sequenz der Begegnung mit der ebenfalls zur Hirschkuh verzauberten Pragnet (282^v, 284^r) als Abschluß eines früheren Erzählstroms fortgeführt. Pragnet dreht sich zu Friedrich zurück, der nicht mehr nach vorne drängt, sondern stocksteif auf dem Pferd sitzt (282^v). In der anschließenden Darstellung (284^r) gar wird die Erzählrichtung gewechselt, steht doch nun das sich nach rechts drehende Pferd am rechten Bildrand, und Friedrich umarmt die von rechts nach links ausgerichtete Hirschkuh mit dem Rücken zur üblichen Bildrichtung.

Die Illustrationen sind von der für den Stil der Henfflin-Werkstatt charakteristischsten Hand A geprägt. Eine sichere Zeichenweise ist mit einer relativ kostbaren Farbgebung kombiniert, so werden Grün, Blau und Rot als Deckfarben verschwenderisch eingesetzt. In manchen Darstellungen lassen sich rasch gezeichnete Unterzeichnungen beobachten, die beim Kolorieren nicht genau übernommen, sondern korrigiert oder grob verändert wurden (189^r, 204^r, 220^r, 224^r, 231^r, 251^r, 279^r, 284^r, 299^r, 328^r, 347^r, 348^r, 367^r, 374^r). In der Kolorierung wird ebenfalls unterschiedlich vorgegangen. So werden beispielsweise in einigen Blättern den Gestalten an der Bodenfläche Schatten beigegeben (281^r, 282^v, 284^r), die in vergleichbaren Beispielen nicht vorkommen, oder Mischtöne lavierend eingesetzt, die sonst unbekannt sind (208^r–227^v, 300^v–303^r). Manche Darstellungen, insbesondere die Schlachtensequenz (319^v–326^v), sind von großer

zeichnerischer Versiertheit. Ebenso sind in einzelnen Bildern raffinierte Verkür-
zungen und Rückenansichten eingeführt (300^v, 345^r), während andere Darstellungen hölzern und ungelenk ausgeführt wirken (etwa 305^r–316^r, 328^r–331^r).
Immer vergleichbar bleibt in allen Illustrationen der Figurentyp, wenn er sich
auch in den Proportionen öfter ändert. Vor allem aber die völlig einheitlichen
freundlichen, ausdruckslosen Gesichter und die gleichartigen, meist gelockten
Haare scheinen zu einer Signatur dieser Werkstatt geworden zu sein. Trotz dieser Einheitlichkeit sind auf jeden Fall Unterschiede der Ausführung und wohl
auch der Mitarbeiter zu beobachten, so daß sich hinter der Bezeichnung Zeichner A mehrere Leute verbergen dürften. Die stilistische Einordnung innerhalb
der Gruppe dürfte übereinstimmend mit dem Wasserzeichen des Papiers in die
frühe Zeit um 1470 weisen. Dem entsprechen auch die sogar gegenüber dem
›Lohengrin‹ bescheideneren Modelle der Innenraum- und Landschaftsdarstel-
lungen, vor allem aber die relativ einfachen Kompositionen, die sich etwa im
Vergleich zu den wesentlich raffinierteren Lösungen der deutlich jüngeren Illustrationen zu ›Pontus und Sidonia‹ (Cod. Pal. germ. 142) beobachten lassen.

Wie in allen Handschriften der Henfflin-Werkstatt (BACKES [1992] S. 184;
WEGENER [1927] S. 71 f.) ist auch in diesem Faszikel Wert auf eine ausgespro-
chen anspruchsvolle Gestaltung gelegt. Hierzu gehört sowohl die strenge Wah-
rung des Schriftspiegels als auch die Betonung der Autonomie des Bildes durch
Rahmen, Farbe, landschaftliche oder räumliche Geschlossenheit. Ebenso sprechen dafür die sorgfältige Ausführung – etwa die liebevolle Kolorierung des
Himmels, die zart lavierten Gesichter, die Detailfreude an den Gewändern und
Rüstungen – und das Anliegen, trotz unterschiedlicher Ausgestaltung den Eindruck einer einheitlichen Handschrift zu schaffen. Der flüchtig geschriebene
Text, der sogar in den Bildüberschriften korrigiert werden mußte, wird durch
kunstvolle Kadellen, die immer gleiche Gestaltung der Lombarden und die rela-
tive Großzügigkeit des frei gelassenen Blattrandes in seiner optischen Bedeu-
tung angehoben. Die Wappen des Hauses Savoyen (182^r, 190^v, 300^v, 311^r, 338^v)
sowie das Wappen Savoyen und Württemberg (191^v, 243^r, 379^r) sprechen für
die These einer Auftragsarbeit durch Margarethe von Savoyen, der Gattin
Ulrichs V. von Württemberg (BACKES [1992] S. 177–185, v. a. 184; WEGENER
[1927] S. VII.).

Editionen:
Friedrich von Schwaben aus der Stuttgarter Handschrift. Hrsg. von MAX HERMANN
JELLINEK. Berlin 1904 (Deutsche Texte des Mittelalters 1). – Friedrich von Schwaben.
Hrsg. und kommentiert von SANDRA LINDEN. Konstanz/Eggingen 2005 (Bibliotheca
Suevica 14).

41.0.1. Heidelberg, Universitätsbibliothek, Cod. Pal. germ. 345

Um 1470. Werkstatt des Ludwig Henfflin, Stuttgart (?).
Im Auftrag Margarethes von Savoyen (1420–1479) entstanden und über das
Erbe ihres mit Ludwig IV. gezeugten Sohnes Philipp dem Aufrichtigen (1448–
1508) in die Heidelberger Bibliothek gekommen. Bll. 182ʳ, 190ᵛ, 300ᵛ, 311ʳ, 338ᵛ
Wappen von Savoyen; Bll. 191ᵛ, 243ʳ, 379ʳ Wappen von Württemberg und
Savoyen.

Inhalt:

1. 1ʳ–181ᵛ ›Lohengrin‹
            Hs. B
2. 182ʳ–379ᵛ ›Friedrich von Schwaben‹
              Hs. H

I. Papier, 388 Blätter (Foliierung des 17. Jahrhunderts: 1–379, Bll. 1*–3*,
181a*–181c*, 373a*, 380*, 381* moderne Zählung, acht moderne Vorsatzblätter:
A–D, W–Z; Bl. 373a* befand sich als Bl. 267 in Cod. Pal. germ. 143 und wurde
Ende 19. Jahrhundert wieder dieser Handschrift beigebunden), 292 × 202 mm,
Bastarda, zwei Hände (I: 1ʳ–181ᵛ, II: 182ʳ–379ᵛ), Korrekturen von einer weiteren
Hand, einspaltig, 25–26 Zeilen (1ʳ–181ᵛ) und 22–24 Zeilen (182ʳ–379ᵛ), 1ʳ acht-
zeilige rote Initiale mit in Sternform angeordnetem Knospenfleuronnée im
Binnenfeld, Besatzfleuronnée aus Ähren, Perlband und Fadenranken, 182ʳ
achtzeilige rote Initiale mit dem Wappen von Savoyen im Binnenfeld und Be-
satzfleuronnée, rote Bildüberschriften, zweizeilige rote Lombarden, Kadellen,
Rubrizierungen.
Mundart: bairisch, auch mitteldeutsche und einige alemannische und schwäbische Wortformen.

II. 208 kolorierte Federzeichnungen, 99 zu Text 1, 109 zu Text 2 (183ʳ, 184ʳ,
186ʳ, 189ʳ, 195ᵛ, 197ʳ, 199ᵛ, 202ʳ, 202ᵛ, 204ʳ, 205ᵛ, 208ʳ, 214ᵛ, 217ʳ, 218ʳ, 220ʳ, 221ᵛ,
223ʳ, 223ᵛ, 224ʳ, 227ʳ, 231ʳ, 233ʳ, 236ʳ, 237ᵛ, 240ʳ, 242ᵛ, 244ʳ, 247ʳ, 250ʳ, 251ʳ, 252ᵛ,
253ᵛ, 254ᵛ, 263ᵛ, 264ᵛ, 269ᵛ, 271ʳ, 273ᵛ, 276ʳ, 277ᵛ, 279ʳ, 281ʳ, 282ᵛ, 284ʳ, 287ʳ, 289ᵛ,
292ʳ, 293ʳ, 296ᵛ, 299ʳ, 300ᵛ, 302ʳ, 303ʳ, 305ʳ, 306ʳ, 308ʳ, 308ᵛ, 310ᵛ, 311ᵛ, 313ʳ, 316ʳ,
317ᵛ, 318ʳ, 319ᵛ, 322ʳ, 322ᵛ, 323ᵛ, 325ᵛ, 326ᵛ, 328ʳ, 328ᵛ, 329ᵛ, 331ʳ, 331ᵛ, 332ᵛ, 334ᵛ,
337ᵛ, 340ᵛ, 341ʳ, 343ʳ, 344ʳ, 345ʳ, 346ʳ, 347ʳ, 348ʳ, 349ᵛ, 350ᵛ, 351ᵛ, 352ʳ [2], 352ᵛ,
354ᵛ, 356ᵛ, 358ʳ, 360ʳ, 361ʳ, 361ᵛ, 362ᵛ, 363ᵛ, 367ʳ, 368ᵛ, 369ᵛ, 371ᵛ, 373aᵛ, 374ʳ,
374ᵛ, 376ʳ, 377ʳ), Zeichner A der Henfflin-Werkstatt.

Zu den Illustrationen in Text 1 siehe Stoffgruppe 78.

Format und Anordnung: Rot gerahmte Miniaturen in Schriftspiegelbreite, ca.
$\frac{1}{3}$–$\frac{1}{2}$ der Schriftspiegelhöhe; Plazierung im laufenden Text, am Kopf, am Fuß
oder in der Mitte der Seite, 352^r als einzige mit zwei Miniaturen; rote Bildbeischriften über den Miniaturen, häufig auch auf der vorangehenden Seite, 195^v
die Bildbeischrift unterhalb des Bildes, 279^v, 365^v die Bilder zu den Bildbeischriften nicht ausgeführt; alle Bilder in unmittelbarer Nähe zur jeweils illustrierten Textstelle.

Bildaufbau und -ausführung: Alle Bilder sind mit einem dreifachen Rahmen
vom Schriftfeld abgesetzt: je ein innerer und äußerer mit der Feder gezeichneter
Tintenstrich wird mit einem kräftigen Rot ausgefüllt. In diesem offenbar als
Letztes gemalten Rahmensystem – oft wurden Teile des Bildes übermalt (220^r,
223^r) – spielen sich die Ereignisse meist auf einem bühnenartig vom Bildrand ab-
gesetzten Terrainstreifen unter einem dunkelblauen, zum Horizont sich allmäh-
lich lichtenden Himmel ab. In den meisten Bildern bewegen sich die Akteure
auf diesem Bühnenstreifen und ziehen von links nach rechts oder wenden sich
einander zu. Komplexere Gruppen konzentrieren sich auf die Protagonisten,
und die Masse der Gestalten wird durch hintereinander gereihte Köpfe simuliert
(347^r–350^v). Ebenso bühnenhaft sind Innenräume konzipiert, die in keiner einzigen Illustration eine Tiefenerstreckung anstreben. Das manchmal gefliesste
(etwa 189^r), mit Bohlen charakterisierte (186^r, 195^v, 197^r) oder auch bloß einfar-
big gefärbte »Bühnenstück« wird in der Regel nach hinten zu durch eine bild-
parallel verlaufende Mauer abgegrenzt, in der drei Fenster sitzen, die aber keinerlei Ausblick gewähren. Nur selten entwickeln sich diese Räume in die Tiefe
(217^r), erlauben einen Blick in ein weiteres Gemach (204^r, 217^r, 236^r, 354^v, 356^v–
361^r) oder gar nach außen (217^r, 223^r, 308^v, 346^r). Dieselbe abgeschlossene
Bühne wird auch für die Turnierdarstellung (202^v, 231^r) eingesetzt. Noch viel
seltener sind Räume, die einen Einblick nicht nur in einen nach hinten abge-
schlossenen Bühnenstreifen vermitteln, sondern den Einblick in einen dreidi-
mensional sich entwickelnden Raum liefern (224^r). Spärlich ist die Schilderung
der Natur. Seltene Waldstücke (199^v, 202^v, 208^r, 214^v) werden manchmal mit
Stadtarchitektur (208^r, 214^v) ebenfalls zu einem Kulissenraum zusammengefügt.
Nur selten sind die in anderen Handschriften der Henfflin-Werkstatt – auch im
›Lohengrin‹ – bekannten komplexeren Landschaften gestaltet. Die in mehreren
Plattformen, mit Wegen und sich überschneidenden Terrainschichten hintereinander gestaffelten sanft verlaufenden Landschaftsprospekte, in deren Ferne
jeweils unterschiedlich sichtbare Türme oder angedeutete Architekturen auf-
scheinen (etwa 264^v, 284^r, 347^r), sind mit denselben Formeln wesentlich komplexer im ›Lohengrin‹ (18^v), vor allem aber in den jüngeren Handschriften (etwa

Cod. Pal. germ. 142, 106^v) bekannt. Mit ihrer Bildbühne, auf der sich die Ereignisse abspielen, schließen sich die Illustrationen weitgehend an die Konzeption des ›Sigenot‹ (Cod. Pal. germ. 67, s. Nr. 29.5.2.), der wohl ältesten Handschrift der Gruppe, an. Eine Sonderform von Bühnenraum, der dem Faszikel einen märchenhaften Eindruck verleiht, sind die Sequenzen im Zwergenreich, die sich im Inneren eines Berges abspielen. Dieser ist wie eine Höhle vorne aufgeschnitten, und die Ereignisse werden von dem zart gezeichneten und leicht lavierten Gestein umschlossen, wobei sich dem Betrachter auch die Außenhaut dieses Berges zeigt. In diesen geheimnisvoll wirkenden Höhlenräumen sind Schlafgemächer (247^r, 251^r, 252^v, 253^v, 263^v) oder der Thronsaal integriert (363^v–367^r, 369^v). Komplexer sind die Schlachtenszenen gestaltet, die freilich immer – wie auch die Turnierdarstellungen – in der vordersten Bühnenfront in der Nahsicht sichtbar gemacht werden, was wiederum eher einem älteren Darstellungsmuster entspricht. Der Ablauf – einreitende Truppen (319^v), Organisation des Heeres (322^r), Konzentration auf wenige Kämpfer im Vordergrund inmitten eines Getümmels (322^v, 323^v), die Ankündigung des Sieges mit Hilfe der von rechts nach links drängenden erfolgreichen Kämpfer (325^v) und Flucht der Geschlagenen (326^v) – sind Bildmuster, die ebenfalls im ›Lohengrin‹ bekannt sind (97^r, 110^v–139^r), dort aber wiederum wesentlich anspruchsvoller ausgebaut werden. Die Tiefenräumlichkeit, aber auch die Verflechtung unterschiedlicher Raumschichten ist im Faszikel des ›Friedrich von Schwaben‹ nur ein geringes Anliegen der Illustrationen. Die Darstellung der zur Stadt Angelburgs heranreitenden Truppen Mompoliers (319^v) ist eines der wenigen Bilder, in denen die Aktion im Mittelgrund angesiedelt ist. Die einherreitenden Angreifer halten vor einer Stadt inne, die sich als in die Tiefe führende Kulisse vom Vorder- bis in den Hintergrund um das Geschehen wie eine Art Prosceniumsloge legt, ein Bildmuster, das in der Werkstatt recht beliebt ist (etwa im ›Lohengrin‹, 97^r).

Die Figuren sind meist gelängt, und ihre Unterkörper erscheinen gegenüber den Oberkörpern zu groß. Dieses Verhältnis wird sogar bei den nun gedrungen wirkenden Zwergen absichtlich noch verstärkt (etwa 350^v). Charakteristisch für alle Figuren sind ihre ausdruckslosen, freundlichen, meist rundlichen Gesichter, um die sich in der Regel gelocktes Haar legt. Die Gewänder schwingen bei den weiblichen Gestalten weit aus und legen sich als massive Stofffülle um deren Unterkörper (etwa 306^r, 308^v). Die männlichen Figuren sind in der Regel mit kurzer Schecke charakterisiert, deren Schnürung an der Brust den Blick auf ein Hemd freigibt. Ihre Beinlinge stecken in hohen Stulpenstiefeln (303^r–306^r) oder meist in spitzen, nicht eigens gekennzeichneten Schnabelschuhen. Häufig tragen sie Mi-Parti-Kleidung in eleganten, manchmal sogar durch die Lichtführung leicht changierend wirkenden Farben (293^r–302^r). Auffällig ist der Verzicht auf gemusterte Kleidung, die zur Darstellung von Brokatstoffen in den meisten Handschriften dieser Gruppe vorkommt (etwa Cod. Pal. germ. 142, 32ᵛ). Ebenso fehlen Schmuck oder prunkvolle Hüte. Am variantenreichsten sind die Kopfbedeckungen der männlichen Figuren, die aber meist einen kugeligen Hut unterschiedlicher Beschaffenheit tragen. Wenig differenziert sind auch die Rüstungen, die durchweg denselben Typus wiedergeben.

An der Zeichnung sind mehrere Arbeitsschritte zu beobachten und entsprechend auch unterschiedliche Qualitäten und Arten der Federführung. Insbesondere an den Schlachtenbildern läßt sich der rasche, fast strichelnd aufgetragene und sehr dynamisch wirkende Federstrich der Vorzeichnung gut verfolgen, sind doch etwa die Pferde oder Rüstungen nur leicht laviert worden. Nachkonturierungen sind mit einer harten schwarzen Feder eingetragen worden. Die Farben sind – wie üblich – ebenfalls in mehreren Schichten aufgetragen worden und erlauben so, durch Aussparen nur anlavierter Teile und anschließender schraffierender oder größere Partien eindunkelnder Pinselarbeit mit der Deckfarbe Licht und Schatten in den Gewändern zu gestalten.

Bildthemen: Im Gegensatz zum vorgebundenen ›Lohengrin‹ fehlen in diesem Faszikel die großen höfischen Darstellungen. Insbesondere auf die sonst üblichen Illustrationen von Feierlichkeiten wie Gastmähler oder Tanzveranstaltungen wird ganz verzichtet. Obwohl es sich um einen Ritterroman handelt, kommen nur wenige Turnierszenen vor (202ᵛ, 231ʳ, 233ʳ, 279ʳ, 331ᵛ, 334ᵛ, 337ᵛ), und lediglich eine große Schlachtensequenz wird ausgemalt (319ᵛ–326ᵛ). Freundschaftliche Umarmungen zwischen Paaren (186ʳ, 296ᵛ, 308ᵛ, 318ʳ, 349ᵛ, 350ᵛ, 368ᵛ), Minnekrankheit (205ᵛ), Minnelager (197ʳ, 247ʳ, 251ʳ, 252ᵛ, 253ᵛ, 263ᵛ), mögliches Beilager (195ᵛ, 204ʳ, 313ʳ) und Eheschließungen (351ᵛ, 352ʳ) sind Themen, die immer wieder variiert werden und die emotionalen und familiären Verwicklungen des Stoffes aufgreifen. Die große Zahl von Begegnungen und Austausch von Botschaften über Boten verleiht dem Text eine offizielle Note.

Farben: Ein leuchtendes Gelb, Ocker, mehrere Grüntöne, worunter die stark deckende Farbe am häufigsten und wohl als Letztes gebraucht wurde, gelacktes und ungelacktes Brasilholz und ein deckendes Karminrot sowie das strahlende Azurit sind die wichtigsten Farben.

Volldigitalisat online unter http://digi.ub.uni-heidelberg.de/diglit/cpg345 (letzter Zugriff 27. 10. 2009).

Literatur: BARTSCH (1887) S. 100, Nr. 173; MILLER/ZIMMERMANN (2007) S. 179–181. – ADELUNG (1799) S. 29–46. 109–116 (Bildtituli); WILKEN (1817) S. 430; LUDWIG VOSS:

Überlieferung und Verfasserschaft des mittelhochdeutschen Ritterromans Friedrich von Schwaben. Diss. Münster 1895, S. 18 f.; WEGENER (1927) S. 83–85, Abb. 74–76 (98ᵛ, 31ᵛ, 116ʳ). Taf. III (71ᵛ); STAMMLER (1962) S. 150. 156; DIETER WELZ: Friedrich von Schwaben. In: ²VL 2 (1980) Sp. 959–962; Württemberg im Spätmittelalter (1985) S. 150 f., Nr. 156, Abb. 61 (98ᵛ); NIKOLAUS HENKEL: Friedrich von Schwaben. In: Enzyklopädie des Märchens 5 (1987), Sp. 358–361; BRIGITTE SCHÖNING: ›Friedrich von Schwaben‹. Aspekte des Erzählens im spätmittelalterlichen Versroman. Erlangen 1991 (Erlanger Studien 90), S. 52–56; BACKES (1992) S. 184; KLAUS RIDDER: Mittelhochdeutsche Minne- und Aventiureromane. Fiktion, Geschichte und literarische Tradition im späthöfischen Roman: ›Reinfried von Braunschweig‹, ›Wilhelm von Österreich‹, ›Friedrich von Schwaben‹. Berlin/New York 1998 (Quellen und Forschungen zur Literatur- und Kulturgeschichte N.F. 12 [246]), S. 391 f.; ALMUT SCHNEIDER: Friedrich von Schwaben (14./15. Jh.). In: Literarische Performativität. Lektüren vormoderner Texte. Hrsg. von CORNELIA HERBERICHS und CHRISTIAN KIENING. Zürich 2008 (Medienwandel – Medienwechsel – Medienwissen 3), S. 338–353, Abb. S. 338 (188ʳ).

Abb. 206: 253ᵛ. Abb. 207: 287ʳ.

STOFFGRUPPE 41 BEARBEITET VON LIESELOTTE E. SAURMA-JELTSCH

42. Konrad von Stoffeln, ›Gauriel von Muntabel‹

Der vermutlich dem Freiherrengeschlecht von Hohen-Stoffeln im Hegau ent-stammende Autor des in zwei in Umfang und Textbestand stark differierenden Handschriften (Karlsruhe, Badische Landesbibliothek, Cod. Donaueschingen 86; Innsbruck, Tiroler Landesmuseum Ferdinandeum, Hs. F.B. 32001) und drei Fragmenten überlieferten spät-arthurischen Romans ›Gauriel von Muntabel, der Ritter mit dem Bock‹, an dessen Schluß er sich in der ehem. Donaueschin-ger Handschrift nennt, ist möglicherweise mit dem in St. Galler Urkunden zwi-schen 1252 und 1282 bezeugten Straßburger Domherrn Konrad von Stoffeln identisch. Ausgangspunkt der Aventiurehandlung ist das – wie im ›Meleranz‹ des Pleier oder in den nur aus Ulrich Füetrers ›Buch der Abenteuer‹ bekannten Romanen ›Poytislier‹ und ›Seifried de Ardemont‹ – in der späthöfischen Epik beliebte Motiv der Liebe des Helden zu einer Fee, die er – mitsamt seiner eige-nen ritterlichen Schönheit – durch die Übertretung des Schweigegebots verliert und nur durch eine Reihe von Kämpfen mit den besten Artusrittern wieder-gewinnen kann. Die Rückbindung an eine übergreifende arturische Erzählwelt erreicht Konrad, die Tradition des klassischen und nachklassischen Artusro-mans durch zahlreiche, variierend kombinierte Motive ausschöpfend, nicht nur, indem er berühmte Helden, wie Erec, Iwein, Garel, Wigalois, Daniel oder Per-sibein herbeizitiert und auftreten läßt, sondern auch durch Anspielungen auf Handlungszüge aus anderen Romanen, etwa Erecs *verligen* oder den Kampf sei-nes beinamengebenden Bocks mit Iweins Löwen.

Der schmal überlieferte und schon von Püterich von Reichertshausen in sei-nem ›Ehrenbrief‹ gering geschätzte Roman ist nur in der ehemals Donaueschin-ger Handschrift mit Bildschmuck versehen worden, und zwar mit einer ganz-seitigen, in Materialaufwand und Anspruchsniveau ziemlich anspruchsvollen Titelminiatur des Protagonisten. Die Innsbrucker Märenhandschrift F.B. 32001 enthält zwar außer mehreren Leerräumen auch zahlreiche Illustrationen der dort tradierten Kleintexte, läßt den am Schluß (89ra–113va) überlieferten ›Gau-riel‹ jedoch unbebildert.

Editionen:
Gauriel von Muntabel, eine höfische Erzählung aus dem 13. Jahrhundert, zum ersten Male hrsg. von FERDINAND KHULL. Mit einem Nachwort und Literaturverzeichnis von ALEXANDER HILDEBRAND. Neudruck der Ausgabe 1885. Osnabrück 1969; Der Ritter mit dem Bock. Konrads von Stoffeln ›Gauriel von Muntabel‹. Neu hrsg., eingeleitet und kom-mentiert von WOLFGANG ACHNITZ. Tübingen 1997 (Texte und Textgeschichte 46). Ger-

man Romance II. Gauriel von Muntabel. Edited and translated by SIEGFRIED CHRISTOPH. Woodbridge 2007 (Arthurian Archives 15).

42.0.1. Karlsruhe, Badische Landesbibliothek, Cod. Donaueschingen 86

Südwestdeutschland nördlich des Bodensees. Um 1470–1480.
Bei den bzw. für die Herren von Zimmern, vermutlich Johann Werner von Zimmern (1454–1495) geschrieben. Nach dem Aussterben der Zimmern fiel die Handschrift mit der gesamten Bibliothek 1594 zusammen mit der Herrschaft Meßkirch an Graf Georg von Helfenstein; den helfensteinschen Besitz übernahm 1627 Graf Wratislaw von Fürstenberg. Möglicherweise im alten Donaueschinger Katalog (Librorum Bibliothecam Moesskirchensis, 1730–1740) als *N. 14 Königß Apollonii hisatorie fol. I* verzeichnet.

Inhalt:
1. S. 1–188   Konrad von Stoffeln, ›Gauriel von Muntabel‹ (Hs D)
2. S. 1–63   Heinrich Steinhöwel, ›Apollonius‹
                   Gleicher Text wie im Druck Augsburg: Günther Zainer, 1471

I.   Papier, II + 138 + I Blätter (Wasserschäden, nicht nach 1865), vorne bei der Restaurierung im 19. Jahrhundert zwei Doppelblätter vorgebunden. Paginierung des 19. Jahrhunderts (nach der Restaurierung) beginnt auf der ersten Seite jedes der beiden Texte neu, Vor- und Nachsatzblatt sowie Blatt mit der Titelminiatur (Blatt II). 290 × 185 mm, Bastarda, eine Hand (gleiche Hand in Wien, Österreichische Nationalbibliothek, Cod. 2795, Cod. 2888, Cod. 3036), einspaltig, Text 1 26–33 Zeilen, Text 2 35–37 Zeilen, rote Strichelung der Versanfänge, rote Überschriften in Text 2; zwei- bis sechszeilige rote, blaue, rotblaue, lila-braune und braune Lombarden, z. T. mit Binnenfleuronnée. Mundart: westschwäbisch-niederalemannisch.

II.   Eine Titelminiatur in Deckfarben (IIᵛ), oben und links von einem 21–26 mm breiten, mit karminroten Akanthusblattranken belegten Rahmen (unten abgeschnitten) umfaßt (ca. 260 × 160 mm): Vor einer die Bildfläche etwa hälftig teilenden zinnoberroten Mauer steht in repräsentativer Pose, frontal den Bildbetrachter anblickend, der Protagonist der Erzählung, ein Ritter in blauer Rüstung mit Schulter-, Ellbogen- und Kniekacheln, darüber ein kurzer Waffenrock. Auf den Gewandsäumen am Kragenausschnitt und der Unterkante des

Rocks Reste einer nur noch schwach lesbaren Inschrift in brauner Tinte (*ERSC C MQ /.../ RECASI. / .. NO*). Der Waffenrock war laut der Beschreibung von Laßberg (Nürnberg, Germanisches Nationalmuseum, Hs 7093, S. I) ursprünglich mit goldenen Böcken belegt, von denen heute nur noch schwache Farbspuren erkennbar sind. Statt eines Helms trägt der Ritter nur eine geschmückte Helmhaube. Mit der rechten Hand präsentiert er eine braune Lanze mit hellblauer Standarte, in der linken sein braun gerahmtes Tartschenschild mit seinem Wappen, dem weißen steigenden Bock in gelbem Feld. Von links nähert sich, das umgürtete Schwert des Helden teilweise verdeckend, sein wie im Schild als Widder statt als *boc* dargestelltes Wappentier, ihn am Bein beschnüffelnd. Die Miniatur reflektiert deutlich die Beschreibung des Helden und des Wappens in den Versen 671–680.

Fein modellierende Vermalung in abgestuften Farbtönen, aufgesetzte Lichter, Strichelung in feinen Pinsellinien, auch Kreuzlagen. Das Widderfell ist durch regelmäßige, kurze Wellenlinien wiedergegeben. Die Übereinstimmung des Stils und der karminroten Farbe des Bildrahmens mit dem Rankenwerk der sechszeiligen M-Initiale zum Textbeginn S. 1 läßt auf den gleichen Maler für Initiale und Miniatur schließen.

Die Miniatur hat unter den Wasserschäden stark gelitten: Ein Großteil des Rahmens ist abgeblättert und klebt auf den Rändern der gegenüberliegenden Textseite 1; von dem von der linken Taille zur rechten Hüfte reichenden zinnoberroten Schwertgurt sind nur noch Reste zu erkennen; auf der Gegenseite hat sich die gesamte Miniatur spiegelbildlich abgedrückt.

Abdruck einer Holzschnitt-Kopie der Miniatur nach der Nachzeichnung Laßbergs bei JEITTELES (1861).

Farben: Die ursprünglich kräftigen Deckfarben sind durch Wasserschäden stark ausgeblutet und haben auf die gegenüberliegende Textseite abgefärbt: Azurit, teilweise mit Bleiweiß vermischt, Bleiweiß, Zinnober, Karmin, Schwarz, Grünspan, Blei-Zinn-Gelb, Braun aus gebrannter grüner Erde.

Literatur: BARACK (1865) S. 72–74. – JEITTELES (1861) S. 385–411; ACHNITZ (1997) S. 13–39.

Abb. 208: II^v.

STOFFGRUPPE 42 BEARBEITET VON NORBERT H. OTT

ANHANG

Verzeichnis der abgekürzt zitierten Literatur

ACHNITZ (1997)
ACHNITZ, WOLFGANG (Hrsg.): Der Ritter mit dem Bock. Konrads von Stoffeln »Gauriel von Muntabel«. Neu herausgegeben, eingeleitet und kommentiert. Tübingen 1997 (Texte und Textgeschichte / Würzburger Forschungen 46).

ADB
Allgemeine deutsche Biographie. Hrsg. von der Bayerischen Akademie der Wissenschaften, Historische Kommission. 56 Bde. Leipzig 1875–1912.

ADELUNG (1799)
ADELUNG, FRIEDRICH: Altdeutsche Gedichte in Rom, oder fortgesetzte Nachrichten von Heidelbergischen Handschriften in der Vatikanischen Bibliothek. Königsberg 1799.

Aderlaß und Seelentrost (2003)
BECKER, PETER JÖRG / OVERGAAUW, EEF (Hrsg.): Aderlaß und Seelentrost. Die Überlieferung deutscher Texte im Spiegel Berliner Handschriften und Inkunabeln [Ausstellungskatalog Staatsbibliothek zu Berlin – Preußischer Kulturbesitz / Germanisches Nationalmuseum Nürnberg]. Mainz 2003.

ALBERTI (1889)
ALBERTI, OTTO VON: Württembergisches Adels- und Wappenbuch. I. Stuttgart 1889.

Ambraser Kunst- und Wunderkammer (1965)
Ambraser Kunst- und Wunderkammer. Die Bibliothek. Katalog der Ausstellung im Prunksaal 28. Mai – 30. September 1965. Wien 1965.

AMELUNG (1979)
AMELUNG, PETER: Der Frühdruck im deutschen Südwesten 1473–1500. Band 1: Ulm. Stuttgart 1979.

ANGLO (2000)
ANGLO, SYDNEY: The Martial Arts of Renaissance Europe. New Haven/London 2000.

BACKES (1992)
BACKES, MARTINA: Das literarische Leben am kurpfälzischen Hof zu Heidelberg im 15. Jahrhundert. Ein Beitrag zur Gönnerforschung des Spätmittelalters. Tübingen 1992 (Hermaea N. F. 68).

BARACK (1865)
BARACK, KARL AUGUST: Die Handschriften der Fürstlich Fürstenbergischen Hofbibliothek zu Donaueschingen. Tübingen 1865.

BARTER BAILEY (1996)
BARTER BAILEY, SARAH: The Royal Armouries »Firework Book«. In: BRENDA J. BUCHANAN (Hrsg.): Gunpowder. The History of an International Technology. Bath 1996, S. 57–86.

BARTSCH (1887)
Die altdeutschen Handschriften der Universitäts-Bibliothek in Heidelberg. Verzeichnet und beschrieben von KARL BARTSCH. Heidelberg 1887 (Katalog der Handschriften der Universitätsbibliothek in Heidelberg 1).

BELLOT (1982)
BELLOT, JOSEF: Augsburger volkssprachliches humanistisches Schrifttum und seine Illustration. Augsburg 1982.

BENZING (1955)
BENZING, JOSEF: Die Drucke Christian Egenolffs zu Frankfurt am Main 1530–1555. Das Antiquariat 11 (1955), S. 139f., S. 162–164, S. 201 f. und S. 232–236.

BERG / FRIEDRICH (1994)   BERG, THERESIA / FRIEDRICH, UDO: Wissenstradierung in spätmittelalterlichen Schriften zur Kriegskunst: Der ›Bellifortis‹ des Konrad Kyeser und das anonyme ›Feuerwerksbuch‹. In: Wissen für den Hof. Der spätmittelalterliche Verschriftlichungsprozess am Beispiel Heidelberg im 15. Jahrhundert. Hrsg. von JAN-DIRK MÜLLER. München 1994 (Münstersche Mittelalter-Schriften 67), S. 233–288.

BERNINGER (2000)   BERNINGER, ERNST: Die technischen Handschriften des 15. Jahrhunderts in der Bayerischen Staatsbibliothek München. In: Patrimonia 137. München 2000, S. 61–91.

BLOSEN/OLSEN (2006)   BLOSEN, HANS / OLSEN, RIKKE AGNETE: Kriegskunst und Kanonen. Das Büchsenmeisterbuch des Johannes Bengedans. 2 Bde. Aarhus 2006.

BOEHEIM (1888)   BOEHEIM, WENDELIN: Urkunden und Regesten aus der K. K. Hofbibliothek. Jahrbuch der kunsthistorischen Sammlungen des Allerhöchsten Kaiserhauses 7 (1888), S. XCI–CCCXLV.

BOEHEIM (1890)   BOEHEIM, WENDELIN: Handbuch der Waffenkunde. Das Waffenwesen in seiner historischen Entwicklung vom Beginn des Mittelalters bis zum Ende des 18. Jahrhunderts. Leipzig 1890.

BOEHEIM (1892–1894)   BOEHEIM, WENDELIN: Die Zeugbücher des Kaisers Maximilian. Teile I und II. Jahrbuch der kunsthistorischen Sammlungen des Allerhöchsten Kaiserhauses 13 (1892), S. 94–201, und 15 (1894), S. 295–391.

BRIQUET (1907)   BRIQUET, CHARLES-MOÏSE: Les filigranes. Dictionnaire historique des marques du papier des leur apparition vers 1282 jusqu'en 1600. 4 Bde. Paris 1907.

BRUUN (1890)   BRUUN, CHRISTIAN: De illuminerede Haandskrifter fra Middelalderen i Det store kgl. Bibliothek. Kopenhagen 1890.

BSB-Ink   Bayerische Staatsbibliothek. Inkunabelkatalog. BSB-Ink. 5 Bde. Wiesbaden 1988–2000. Aktualisierte online-Version unter http://inkunabeln.digitale-sammlungen.de.

BÜHLER (1960)   BÜHLER, CURT F.: The Fifteenth-Century Book. The Scribes – the Printers – the Decorators. Philadelphia 1960.

BUTZMANN (1966)   BUTZMANN, HANS: Die Blankenburger Handschriften. Frankfurt am Main 1966 (Kataloge der Herzog August Bibliothek Wolfenbüttel, N. R. 11).

BUTZMANN (1972)   BUTZMANN, HANS: Die mittelalterlichen Handschriften der Gruppe Extravagantes, Novi und Novissimi. Frankfurt am Main 1972 (Kataloge der Herzog August Bibliothek Wolfenbüttel, N. R. 15).

CAMMELL (1936)   CAMMELL, CHARLES RICHARD: Frühe Bücher über Fechtkunst. Philobiblon 9 (1936), S. 353–375.

COPINGER   COPINGER, WALTER ARTHUR: Supplement to Hain's Repertorium bibliographicum (P. 1–2,1/2,2). London 1895–1902.

DEGERING 1.2.3 (1925.1926.1932)   DEGERING, HERMANN: Kurzes Verzeichnis der germanischen Handschriften der Preußischen Staatsbibliothek. Bd.1–3. Leipzig 1925. 1926. 1932 (Mitteilungen aus der Preußischen Staatsbibliothek 7.8.9).

DODGSON (1912)   DODGSON, CAMPBELL: Zwei verworfene Theuerdankillustrationen. Jahrbuch der Preußischen Kunstsammlungen 3 (1912), S. 284–287.

DOMANSKI (2004)   DOMANSKI, KRISTINA: Bildkommentare. Giovanni Boccaccios ›Berühmte Frauen‹ im Medienwechsel. In: Medien der Kunst. Geschlecht, Metapher, Code. Hrsg. von SUSANNE VON FALKENHAUSEN u. a. Marburg 2004 (Beiträge der 7. Kunsthistorikerinnen-Tagung, Berlin 2002), S. 190–199.

DOMANSKI (2007)   DOMANSKI, KRISTINA: Lesarten des Ruhms – Johann Zainers Holzschnittillustrationen zu Giovanni Boccaccios ›De mulieribus claris‹. Köln u. a. 2007 (ATLAS. Bonner Beiträge zur Kunstgeschichte. Hrsg. vom Kunsthistorischen Institut der Universität Bonn, N.F. 2).

DÖRNHÖFFER (1907/09)   DÖRNHÖFFER, FRIEDRICH: Albrecht Dürers Fechtbuch. Jahrbuch der kunsthistorischen Sammlungen des Allerhöchsten Kaiserhauses 27 (1907/09), II. Teil.

DRESCHER (1895)   DRESCHER, KARL (Hrsg.): Boccaccio, De claris mulieribus. Deutsch übersetzt von Stainhöwel. Tübingen 1895 (Bibliothek des Litterarischen Vereins in Stuttgart 205).

DRESSLER (1972)   DRESSLER, FRIDOLIN: Die Exlibris der Bayerischen Hof- und Staatsbibliothek. 17.–20. Jahrhundert. Wiesbaden 1972.

DREYER (1754)   DREYER, JOHANN CARL HEINRICH: Anmerckung von den ehemaligen gerichtlichen Duellgesetzen, und von einem seltenen und unbekannten Codice, worinnen des Talhoefers Kamp-Recht befindlich. In: Sammlung vermischter Abhandlungen zur Erläuterung der teutschen Rechten und Alterthuemer, wie auch der Critic und Historie. Rostock 1754, 1. Theil.

EGG (1961)   EGG, ERICH: Der Tiroler Geschützguß 1400–1600. Innsbruck 1961 (Tiroler Wirtschaftsstudien 9).

EGG (1969)   EGG, ERICH (Hrsg.): Ausstellung Maximilian I. [Innsbruck 1. Juni bis 5. Oktober 1969]. Innsbruck 1969.

EHLERS (1919)   EHLERS, ERNST: Hans Döring. Ein hessischer Maler des 16. Jahrhunderts. Darmstadt 1919.

EHLERT/LENG (2003)   EHLERT, TRUDE / LENG, RAINER: Frühe Koch- und Pulverrezepte aus der Handschrift GNM 3227a (um 1389). In: Medizin in Geschichte, Philologie und Ethnologie. Festschrift für Gundolf Keil. Hrsg. von DOMINIK GROSS und MONIKA REININGER. Würzburg 2003, S. 289–320.

Erwerbungen (1978)   ERWERBUNGEN aus drei Jahrzehnten. 1948–1978. Abendländische und orientalische Handschriften, Inkunabeln und seltene Drucke, Noten und Landkarten. Ausstellung April–Juli 1978. Wiesbaden 1978 (Bayerische Staatsbibliothek. Ausstellungskataloge 16).

ESSENWEIN (1872)   ESSENWEIN, AUGUST VON: Quellen zur Geschichte der Feuerwaffen. 2 Bde. Hrsg. vom Germanischen Nationalmuseum. Leipzig 1872.

FALKENSTEIN (1839)   FALKENSTEIN, KARL: Beschreibung der königlichen öffentlichen Bibliothek zu Dresden. Dresden 1839.

FELDHAUS (1956)   FELDHAUS, FRANZ MARIA: Die Technik der Vorzeit, der geschichtlichen Zeit und der Naturvölker. 2. Aufl. München 1956.

FISCHEL (1963)   FISCHEL, LILLI: Bilderfolgen im frühen Buchdruck. Studien zur Inkunabel-Illustration in Ulm und Straßburg. Konstanz/Stuttgart 1963.

FISCHER-HEETFELD (1992)   FISCHER-HEETFELD, GISELA: Zur Vorrede von Heinrich Steinhöwels ›Griseldis‹-Übersetzung. In: Festschrift für Walter Haug und Burghart Wachinger. Hrsg. von JOHANNES JANOTA u. a., Tübingen 1992, Bd. 2, S. 671–679.

FLECHSIG (1931)   FLECHSIG, EDUARD: Albrecht Dürer, sein Leben und seine künstlerische Entwicklung. Bd. II. Berlin 1931.

FRANKENBERGER/RUPP (1987)   FRANKENBERGER, RUDOLF / RUPP, PAUL BERTHOLD: Wertvolle Handschriften und Einbände aus der ehemaligen Oettingen-Wallersteinschen Bibliothek [Ausstellungskatalog Universitätsbibliothek Augsburg]. Wiesbaden 1987.

FRATI (1909)   FRATI, LODOVICO: Bologna. R. Biblioteca Universitaria. Forli 1909 (Inventari dei Manoscritti delle Biblioteche d'Italia XV).

FRATI (1914)   FRATI, LODOVICO: Bologna. R. Biblioteca Universitaria. Florenz 1914 (Inventari dei Manoscritti delle Biblioteche d'Italia XXI).

FRIEDRICH (1996)   FRIEDRICH, UDO: Herrscherpflichten und Kriegskunst. Zum intendierten Gebrauch früher ›Bellifortis‹-Handschriften. In: Der Codex im Gebrauch. Akten des 2. Internationalen Kolloquiums des SFB 231. Hrsg. von HAGEN KELLER, CHRISTEL MEIER, DAGMAR HÜPPER. München 1996, S. 197–210.

FRIEDRICH/RÄDLE (1995)   Konrad Kyeser. Bellifortis. Feuerwerkbuch. Farbmikrofiche-Edition der Bilderhandschriften 2° Cod. Ms. philos. 64 und 64a Cim. Einführung und Beschreibung der kriegstechnischen Bilderhandschriften von UDO FRIEDRICH. Anmerkungen zum lateinischen Text, Transkription und Übersetzung der Vorrede von FIDEL RÄDLE. München 1995 (Codices figurati – Libri picturati 3).

FÜRBETH/LENG (2002)   Flavius Vegetius Renatus. Von der Ritterschaft. Aus dem Lateinischen übertragen von Ludwig Hohenwang in der Ausgabe Augsburg, Johann Wiener, 1475/76. Farbmikrofiche-Edition des Exemplars der Herzog August Bibliothek Wolfenbüttel, 296.3 Hist 2°. Einführung zum Werk und zur Druckgeschichte von FRANK FÜRBETH. Beschreibung des Bildkatalogs kriegstechnischer Geräte von RAINER LENG. München 2002 (Monumenta xylographica et typographica 6).

FÜSSEL (2003)   FÜSSEL, STEPHAN: Kaiser Maximilian und die Medien seiner Zeit. Der Theuerdank von 1517. Eine kulturhistorische Einführung. Köln u. a. 2003.

GAGLIARDI/FORRER (1982) GAGLIARDI, ERNST / FORRER, LUDWIG: Neuere Handschriften seit 1500 (ältere schweizergeschichtliche inbegriffen). Zürich 1982 (Katalog der Handschriften der Zentralbibliothek Zürich II).

GAURIN (2006) Hans Talhoffer. Le combat médiéval à travers le duel judiciaire. Traités d'escrimes 1443 – 1459 – 1467. Présenté et traduit de GUSTAV HERGSELL. Édité par OLIVIER GAURIN. Noisy-sur-École 2006.

GELDNER (1968) GELDNER, FERDINAND: Die deutschen Inkunabeldrucker. Ein Handbuch der deutschen Buchdrucker des XV. Jahrhunderts nach Druckorten. 2 Bde. Stuttgart 1968.

GILLE (1964) GILLE, BERTRAND: Les ingénieurs de la Renaissance. Paris 1964.

GLAGE (1983) GLAGE, WOLFGANG: Das Handwerk der Büchsenmeister im Land Braunschweig. Braunschweig 1983.

GOFF (1964) GOFF, FREDERICK RICHMOND: Incunabula in American Libraries. A Third Census of Fifteenth-Century Books Recorded in North American Collections. New York 1964.

GOTTLIEB (1900) GOTTLIEB, THEODOR: Die Ambraser Handschriften. Ein Beitrag zur Geschichte der Hofbibliothek. Bd. I. Büchersammlung Kaiser Maximilian I. Mit einer Einleitung über den älteren Bücherbesitz im Hause Habsburg. Leipzig 1900.

GOTZKOWSKY (1991/1994) GOTZKOWSKY, BODO: Volksbücher. Prosaromane, Renaissancenovellen, Versdichtungen und Schwankbücher. Bibliographie der deutschen Drucke. Bd. 1: Drucke des 15. und 16. Jahrhunderts. Baden-Baden 1991. Bd. 2: Drucke der 17 Jahrhundert. Baden-Baden 1994 (Bibliotheca Bibliographica Aureliana 125).

GOTZKOWSKY (2002) GOTZKOWSKY, BODO: Die Buchholzschnitte Hans Brosamers zu den Frankfurter »Volksbuch«-Ausgaben und ihre Wiederverwendungen. Baden-Baden 2002 (Studien zur Deutschen Kunstgeschichte 361).

GRASSI (1996) GRASSI, GIULIO: Ein Kompendium spätmittelalterlicher Kriegstechnik aus einer Handschriftenmanufakur (ZBZ, Ms. Rh. hist. 33b). Technikgeschichte 63 (1996), S. 195–217.

GRIEVE (1997) GRIEVE, PATRICIA E.: Floire and Blancheflor and the European Romance. Cambridge 1997 (Cambridge Studies in Medieval Literature 32).

GRIMM (1840 ff.) GRIMM, JACOB: Weisthümer. Göttingen 1840 ff.

GW Gesamtkatalog der Wiegendrucke. Hrsg. von der Kommission für den Gesamtkatalog der Wiegendrucke. Bd. 1–8 Lfg. 1. Leipzig 1925–1940. Reprint Bd. 1–8 1968. Bd. 8 ff. Hrsg. von der Staatsbibliothek zu Berlin. Stuttgart/Berlin/New York 1972 ff.

HAAGE (1970) HAAGE, BERNHARD: Zu deutschen Seifenrezepten des ausgehenden Mittelalters. Sudhoffs Archiv 54 (1970), S. 294–298.

Habsburger Cimelien (1909) Ausstellung von Habsburger Cimelien. Hrsg. von der K. K. Hofbibliothek. Wien 1909.

VAN DER HAEGEN (2006) VAN DER HAEGEN, PIERRE L.: Die Wiegendrucke der Universitätsbibliothek Basel. Teil 1: Die Wiegendrucke aus den deutschsprachigen Regionen um Basel. Basel 2006.

HAIN HAIN, LUDWIG: Repertorium bibliographicum, in quo libri omnes ab arte typographica inventa usque ad annum MD. typis expressi ordine alphabetico vel simpliciter enumerantur vel adcuratius recensentur. 2 Bde. Stuttgart 1826–1838 (Nachdruck Milano 1948).

HALL (1979) HALL, BERT S.: The Technological Illustrations of the socalled »Anonymus of the Hussite Wars«. Codex Latinus Monacensis 197, Part 1. Wiesbaden 1979.

HARTIG (1917) HARTIG, OTTO: Die Gründung der Münchener Hofbibliothek durch Albrecht V. und Johann Jakob Fugger. München 1917 (Abhandlungen der Kgl. Bayerischen Akademie der Wissenschaften, Phil.-Hist. Klasse 28,3).

HASSENSTEIN (1941) HASSENSTEIN, WILHELM (Hrsg.): Das Feuerwerkbuch von 1420. 600 Jahre Deutsche Pulverwaffen und Büchsenmeisterei. Neudruck des Erstdruckes aus dem Jahre 1529 mit Übertragung ins Hochdeutsche und Erläuterungen von Wilhelm Hassenstein. München 1941.

HAYN/GOTENDORF (1912–1929/1968) Bibliotheca Germanorum erotica et curiosa. Verzeichnis der gesamten deutschen erotischen Literatur mit Einschluss der Übersetzungen, nebst Beifügung der Originale. Hrsg. von HUGO HAYN und ALFRED N. GOTENDORF. 9 Bde. München 1912–1929. Reprint Hanau 1968.

Heiliges Römisches Reich (2006) Heiliges Römisches Reich Deutscher Nation 962–1806. Von Otto dem Großen bis zum Ausgang des Mittelalters. Katalogund Essayband zur 29. Ausstellung des Europarates. Hrsg.von MATHIAS PUHLE und CLAUS-PETER HASSE. Dresden 2006.

VON HEINEMANN 1–5 (1890–1903) VON HEINEMANN, OTTO: Die Handschriften der Herzoglichen Bibliothek zu Wolfenbüttel. Zweite Abtheilung: Die Augusteischen Handschriften. Bd. 1. Wolfenbüttel 1890. Bd. 2. Wolfenbüttel 1895. Bd. 3. Wolfenbüttel 1898. Bd. 4.Wolfenbüttel 1900. Bd. 5. Wolfenbüttel 1903. (Nachdruck: Kataloge der Herzog August Bibliothek 4–8. Frankfurt am Main 1966).

HEINZER (1995) HEINZER, FELIX: Die neuen Standorte der ehemals Donaueschinger Handschriftensammlung. Scriptorium 49 (1995), S. 312–319.

HEITZ/RITTER (1924) HEITZ, PAUL/RITTER, FRANÇOIS: Versuch einer Zusammenstellung der deutschen Volksbücher des 15. und 16. Jahrhunderts nebst deren späteren Ausgaben und Literatur. Straßburg 1924.

HELWIG (1966) HELWIG, HELMUTH: Die deutschen Fechtbücher. Eine bibliographische Übersicht. Börsenblatt für den deutschen Buchhandel, Frankfurter Ausgabe 55 (1966), S. 1407–1416.

HERGSELL (1885) HERGSELL, GUSTAV: Unterricht im Säbelfechten. Wien u. a. 1885.

HERGSELL (1887) HERGSELL, GUSTAV: Talhoffers Fechtbuch aus dem Jahre 1467. Gerichtliche und andere Zweikämpfe darstellend. Prag 1887 (verkleinerter Neudruck im VS Books Verlag. Herne 1998, englische Ausgabe: Hans Talhoffer. Medieval Combat. A 15th Century Manual of Swordfighting and Close-Quarter Combat. Translated by Mark Rector. Greenhill Books 2000).

HERGSELL (1889, Ambraser Codex) HERGSELL, GUSTAV: Talhoffers Fechtbuch (Ambraser Codex) aus dem Jahre 1459. Gerichtliche und andere Zweikämpfe darstellend. Prag 1889.

HERGSELL (1889, Gothaer Codex) HERGSELL, GUSTAV: Talhoffers Fechtbuch (Gothaer Codex) aus dem Jahre 1443. Gerichtliche und andere Zweikämpfe darstellend. Prag 1889.

HERGSELL (1896) HERGSELL, GUSTAV: Die Fechtkunst im XV. und XVI. Jahrhunderte. Prag 1896.

HESS (1975) HESS, URSULA: Heinrich Steinhöwels »Griseldis«. Studien zur Text- und Überlieferungsgeschichte einer frühhumanistischen Prosanovelle. München 1975 (Münchener Texte und Untersuchungen zur Deutschen Literatur des Mittelalters 43).

HHB Handbuch der Historischen Buchbestände in Deutschland. Hrsg. von BERNHARD FABIAN u. a. Hildesheim / Zürich / New York 1992 ff.

HIERONYMUS (1972/1983) HIERONYMUS, FRANK: Oberrheinische Buchillustration. Inkunabelholzschnitte aus den Beständen der Universitätsbibliothek [Ausstellungskatalog]. Basel 1972, 2. Aufl. 1983.

HILS (1983) HILS, HANS PETER: Die Handschriften des oberdeutschen Fechtmeisters Hans Thalhoffer. Ein Beitrag zur Fachprosaforschung des Mittelalters. Codices Manuscripti 9 (1983), S. 97–121.

HILS (1985a) HILS, HANS PETER: Meister Johannes Liechtenauers Kunst des langen Schwertes. Frankfurt am Main 1985 (Europäische Hochschulschriften 3, 257).

HILS (1985b) HILS, HANS PETER: Liechtenauer, Johannes. In: [2]VL 5 (1985), Sp. 811–816.

HILS (1985c) HILS, HANS PETER: Von dem Herten. Sudhoffs Archiv 69 (1985), S. 62–75.

HILS (1985d) HILS, HANS PETER: Lecküchner, Hans (Johannes). In: [2]VL 5 (1985), Sp. 641–644.

HILS (1985e) HILS, HANS PETER: Lew. In: [2]VL 5 (1985), Sp. 742 f.

HILS (1985f) HILS, HANS PETER: Liegnitzner, Andreas. In: [2]VL 5 (1985), Sp. 822 f.

HILS (1986) HILS, HANS PETER: Pergament und Papier zum Reden gebracht. 5. Ms. membr II 109 Wiederentdeckung einer verlorenen Handschrift. Der Papiermacher 36 (1986), S. 120–122.

HILS (1987) HILS, HANS PETER: »Gladiatoria«. Über drei Fechthandschriften aus der ersten Hälfte des 15. Jahrhunderts. Codices Manuscripti 13 (1987), S. 1–54.

HILS (1989) HILS, HANS PETER: Ott (der Jude Ott). In: [2]VL 7 (1989), Sp. 196–199.

HILS (1991) Fecht- und Ringbuch – vermischtes Kampfbuch. Augsburg, Universitätsbibliothek, Cod. I.6.4°.2. Farbmikrofiche-Edi-

	tion. Einführung und Beschreibung der Bilderhandschrift von HANS-PETER HILS. München 1991 (Codices figurati – Libri picturati 2).
HILS (1992)	HILS, HANS PETER: Siegmund am Ringeck. In: ²VL 8 (1992), Sp. 1209 ff.
HOLDER (1970)	HOLDER, ALFRED: Die Durlacher und Rastatter Handschriften. Wiesbaden 1970 (Die Handschriften der Badischen Landesbibliothek in Karlsruhe 3).
HOPF (1994)	HOPF, CORNELIA: Die abendländischen Handschriften der Forschungs- und Landesbibliothek Gotha. Bestandsverzeichnis. Bd. 1: Großformatige Pergamenthandschriften Memb. I. Gotha 1994 (Veröffentlichungen der Forschungs- und Landesbibliothek Gotha, Heft 32).
HOPF (1997)	HOPF, CORNELIA: Die abendländischen Handschriften der Forschungs- und Landesbibliothek Gotha. Bestandsverzeichnis. Bd. 2: Kleinformatige Pergamenthandschriften Memb. II. Gotha 1997 (Veröffentlichungen der Forschungs- und Landesbibliothek Gotha, Heft 35).
HUHLE/BRUNCK (1987)	HUHLE, HENNER / BRUNCK, HELMA: 500 Jahre Fechtmeister in Deutschland: ältester privilegierter Berufsstand. Kelkheim 1987 (Kleine Schriften des Historischen Museums 34).
Index Aureliensis (1969/1970)	Index Aureliensis: catalogus librorum sedecimo saeculo impressorum, prima pars, tomus IV. Baden-Baden 1969/1970.
Innsbrucker Bronzeguß (1996)	Innsbrucker Bronzeguß 1500–1650 von Kaiser Maximilian I. bis Erzherzog Ferdinand Karl. Tiroler Landesmuseum Ferdinandeum [Ausstellungakatalog Innsbruck 1996, redigiert von ELEONORE GÜRTLER]. Innsbruck 1996.
JÄHNS (1889)	JÄHNS, MAX: Geschichte der Kriegswissenschaften vornehmlich in Deutschland. Bd. 1. München/Leipzig 1889.
JAKOBS/UKERT (1838)	JACOBS, FRIEDRICH / UKERT, FERDINAND AUGUST: Beiträge zur ältern Litteratur oder Merkwürdigkeiten der Herzoglichen öffentlichen Bibliothek zu Gotha. 5. Heft. Leipzig 1838.
JANOTA (1979)	JANOTA, JOHANNES: Folz, Hans. In: ²VL 2 (1979), Sp. 769–793.
JEITTELES (1861)	JEITTELES, ADALBERT: Gauriel von Montavel. Von Konrad von Stoffeln. Im Auszuge bearbeitet. Germania 6 (1861), S. 385–411.
JOHANNSEN (1916)	JOHANNSEN, OTTO: Kaspar Brunners gründlicher Bericht des Büchsengießens vom Jahre 1547. Archiv für die Geschichte der Naturwissenschaften und der Technik 7 (1916), S. 165–184. 245–255. 313–323.
JUNGREITHMAYR (1989)	JUNGREITHMAYR, ANNA: Peter von Danzig. In: ²VL 7 (1989), Sp. 432.
KALTWASSER (1960)	KALTWASSER, FRANZ GEORG: Die Handschriften der Bibliothek des Gymnasium Casimirianum und der Scheres-Zieritz-Bibliothek. Coburg 1960 (Kataloge der Landesbibliothek Coburg 3).
KATZ (1999)	KATZ, GABRIELE: »Frauen-Bilder« in der illustrierten deutschen Übersetzungsliteratur der Inkunabelzeit. Studien zu

den Ulmer Ausgaben Heinrich Steinhöwels: Boccaccio ›Von den erlauchten Frauen‹ und Esopus ›Vita et fabulae‹. Tübingen 1999.

KEIL (1981)   KEIL, GUNDOLF: Gladiatoria. In: ²VL 3 (1981), Sp. 48.

KEIL (1995)   KEIL, GUNDOLF: Talhofer, Hans. In: ²VL 9 (1995), Sp. 592–595.

KEIL (1999)   KEIL, GUNDOLF: »Waffenhärtungstraktat«. In: ²VL 10 (1999), Sp. 566f.

KELLNER/SPETHMANN (1996)   KELLNER, STEPHAN / SPETHMANN, ANNEMARIE: Historische Kataloge der Bayerischen Staatsbibliothek München. Münchner Hofbibliothek und andere Provenienzen. Wiesbaden 1996 (Catalogus codicum manu scriptorum Bibliothecae Monacensis XI).

KERN (1956)   Die Handschriften der Universitätsbibliothek Graz. Bearb. von ANTON KERN. Bd. 2. Wien 1956 (Handschriftenverzeichnisse Österreichischer Bibliotheken, Steiermark 2).

KEUNECKE (1992/93)   KEUNECKE, HANS-OTTO: Ludwig von Eyb der Jüngere zum Hartenstein und sein Kriegsbuch. Jahrbuch des Historischen Vereins für Mittelfranken 96 (1992/93), S. 21–36.

KIST (1965)   KIST, JOHANNES: Die Matrikel der Geistlichkeit des Bistums Bamberg 1400–1556. Würzburg 1965.

KRÄMER (1975)   KRÄMER, SIGRID: Verbleib unbekannt. Angeblich verschollene und wiederaufgetauchte Handschriften, 2. Folge. Zeitschrift für deutsches Altertum und deutsche Literatur 104 (1975), S. 251–257.

KRATZSCH (1984)   KRATZSCH, KONRAD: Kostbarkeiten aus den Beständen der Zentralbibliothek der deutschen Klassik. Folge 7: Von der Kunst der Büchsenmeisterei. Artilleriebücher. Impulse 7 (1984), S. 331–346.

KRATZSCH (1993)   KRATZSCH, KONRAD: Kostbarkeiten der Herzogin Anna Bibliothek Weimar. Leipzig 1993.

KRAUME (1983)   KRAUME, HERBERT: Johannes von Speyer. In: ²VL 4 (1983), Sp. 757–760.

KRISTELLER 1–7 (1963–1997)   KRISTELLER, PAUL O.: Iter Italicum. [ab Bd. 3:] accedunt alia itinera; a finding list of uncatalogued or incompletely catalogued humanistic manuscripts of the Renaissance in Italian and other libraries. London / Leiden Bd. 1. 1963, Bd. 2. 1967, Bd. 3. 1983, Bd. 4. 1989, Bd. 5. 1990, Bd.6. 1992, Bd. 7. 1997.

Kunst um 1492 (1992)   Kunst um 1492. Hispania – Austria. Die katholischen Könige, Maximilian I. und die Anfänge der Casa de Austria in Spanien. [Ausstellung Innsbruck, Schloß Ambras 3. Juli–20. September 1992]. Mailand 1992.

KUNZE (1993)   KUNZE, HORST: Geschichte der Buchillustration in Deutschland: Das 16. und 17. Jahrhundert. 2 Bde. Leipzig 1993.

KUPHAL (1927)   KUPHAL, ERICH: Ludwig von Eyb der Jüngere (1450–1521). Archiv für Geschichte und Altertumskunde von Oberfranken 30 (1927), S. 6–58.

KURRAS (1980)   Die deutschen mittelalterlichen Handschriften. 2. Teil. Die naturkundlichen und historischen Handschriften. Rechtshandschriften. Varia. Beschrieben von LOTTE KURRAS. Wiesbaden 1980 (Katalog des Germanischen Nationalmuseums Nürnberg I, 2).

KURRAS (1983) KURRAS, LOTTE: Norica. Nürnberger Handschriften der frühen Neuzeit. Wiesbaden 1983 (Kataloge des Germanischen Nationalmuseums. Die Handschriften des Germanischen Nationalmuseums III).

LEHMANN-HAUPT (1929) LEHMANN-HAUPT, HELLMUT: Schwäbische Federzeichnungen. Studien zur Buchillustration Augsburgs im XV. Jahrhundert. Berlin / Leipzig 1929.

LENG (1997) LENG, RAINER: *Bornen, morden vnd alletzeit triegen / stechen, slahen in engsten kriegen.* Der Krieg im mittelalterlichen Hausbuch. In: CHRISTOPH GRAF ZU WALDBURG WOLFEGG (Hrsg.): Das mittelalterliche Hausbuch. Faksimile und Kommentar. München 1997, S. 145–161.

LENG (1999) LENG, RAINER: Gründe für berufliches Töten. Büchsenmeister und Kriegshauptleute zwischen Berufsethos und Gewissensnot. In: Der Krieg im Mittelalter und in der Frühen Neuzeit. Gründe, Begründungen, Bilder, Bräuche, Recht. Hrsg. von HORST BRUNNER. Wiesbaden 1999 (Imagines medii aevi 3), S. 307–348.

LENG (2000) LENG, RAINER: Andreas der Jude, Jost von der Neißen und Niclas Preuß: Drei verhinderte »Verfasser« eines Fechtbuches. Würzburger Medizinhistorische Mitteilungen 19 (2000), S. 209–220.

LENG (2000a) LENG, RAINER: Anleitung Schießpulver zu bereiten, Büchsen zu beladen und zu beschießen. Eine kriegstechnische Bilderhandschrift im cgm 600 der Bayerischen Staatsbibliothek München. Wiesbaden 2000 (Imagines medii aevi 5).

LENG (2001) LENG, RAINER: Franz Helm und sein ›Buch von den probierten Künsten‹. Ein Büchsenmeisterbuch in massenhafter handschriftlicher Verbreitung in der Zeit des Buchdrucks. Untersuchungen und Abdruck des Textes nach der Handschrift Heidelberg, UB, cpg 128. Wiesbaden 2001 (Imagines medii aevi 9).

LENG (2002) LENG, RAINER: Ars belli. Deutsche taktische und kriegstechnische Bilderhandschriften und Traktate im 15. und 16. Jahrhundert. Bd. 1: Entstehung und Entwicklung. Bd. 2: Beschreibung der Handschriften. Wiesbaden 2002 (Imagines medii aevi 12).

LENG (2004a) LENG, RAINER: Social Character, Pictorial Style, and the Grammar of Technical Illustration in Craftsmen's Manuscripts in the Late Middle Ages. In: Picturing Machines 1400–1700. Hrsg. von WOLFGANG LEFÈVRE. Cambridge (Mass.)/ London 2004 (Transformations. Studies in the History of Science and Technology), S. 85–111.

LENG (2004b)	LENG, RAINER: Das Kriegsgerät in den wittelsbachischen Zeughäusern an der Wende vom Mittelalter zur Neuzeit. In: Der Landshuter Erbfolgekrieg. An der Wende vom Mittelalter zur Neuzeit. Hrsg. von RUDOLF EBNETH / PETER SCHMID. Regensburg 2004, S. 71–97.
LENG/HENTSCHEL (2009)	LENG, RAINER / HENTSCHEL, KLAUS (Hrsg.): Manuskript – Modell – Multimedia. Eine Ausstellung des Projektseminars der Abteilungen der Geschichte des Mittelalters (Prof. Rainer Leng) sowie der Geschichte der Naturwissenschaften und der Technik (Prof. Klaus Hentschel). Univ. Stuttgart, März 2009. Stuttgart 2009.
LEONHARDT/BOSSERT (1912)	LEONHARDT, K. FRIEDRICH / BOSSERT, HELMUTH TH.: Studien zur Hausbuchmeisterfrage. Zeitschrift für Bildende Kunst N. F. 23 (1912), S. 133–138, 191–203, 239–252.
Leuchtendes Mittelalter (1990)	Leuchtendes Mittelalter II. Antiquariat Heribert Tenschert. Rotthalmünster 1990 (Katalog 25).
LUGT (1921)	LUGT, FRITZ: Les marques de collections de dessins et d'estampes. Amsterdam 1921.
LUTZE/KYRISS (1936)	Katalog der Handschriften der Universitätsbibliothek Erlangen. Bd. 4: Die Bilderhandschriften von EBERHARD LUTZE. Die Einbände von ERNST KYRISS. Erlangen 1936.
MAJER (1795)	MAJER, FRIEDRICH: Geschichte der Ordalien, insbesondere der gerichtlichen Zweikämpfe in Deutschland. Jena 1795.
MASSMANN (1844)	MASSMANN, HANS FERDINAND: Über handschriftliche Fechtbücher. Serapeum. Zeitschrift für Bibliothekswissenschaft, Handschriftenkunde und ältere Literatur 5 (1844), S. 44 f. und 49–60.
MAYER (1908)	MAYER, AUGUST L.: Die Meisterlieder des Hans Folz aus der Münchner Originalhandschrift und der Weimarer Handschrift Q 566. Berlin 1908.
MAZAL/UNTERKIRCHER (1963)	MAZAL, OTTO / UNTERKIRCHER, FRANZ: Katalog der abendländischen Handschriften der Österreichischen Nationalbibliothek. Teil 2. Codices Series Nova 1601–3200. Wien 1963. (Museion. Veröffentlichungen der Österreichischen Nationalbibliothek, N. F. 4.2).
MBK	Mittelalterliche Bibliothekskataloge Deutschlands und der Schweiz. Hrsg. von PAUL RUF u. a. 5 Bde. München 1918–1990.
MENHARDT (1957)	MENHARDT, HERMANN: Das älteste Handschriftenverzeichnis von Hugo Blothius 1576. Kritische Ausgabe der Handschrift Series Nova 4451 vom Jahre 1597 mit vier Anhängen. Wien 1957 (Österreichische Akademie der Wissenschaften. Philos.-Hist. Klasse, Denkschriften 76).
MENHARDT 1–3 (1960–1961)	MENHARDT, HERMANN: Verzeichnis der altdeutschen literarischen Handschriften der Österreichischen Nationalbibliothek. 3 Bde. Berlin 1960–1961 (Deutsche Akademie der Wissen-

schaften zu Berlin. Veröffentlichung des Instituts für deutsche Sprache und Literatur 13).

METZGER (2001)   METZGER, WOLFGANG: Ein Bildzyklus des Spätmittelalters zwischen Hofkunst und ›Magia Naturalis‹. In: Opere e Giorni. Studi su mille anni di arte europea dedicati a Max Seidel. Hrsg. von GIORGIO BONSANTI und KLAUS BERGDOLT. Venedig 2001, S. 253–264.

METZGER (2002)   Die humanistischen, Triviums- und Reformationshandschriften der Codices Palatini Latini in der vatikanischen Bibliothek (Cod. Pal. Lat. 1461–1914). Beschrieben von WOLFGANG METZGER. Mit Beiträgen von VEIT PROBST. Wiesbaden 2002 (Kataloge der Universitätsbibliothek Heidelberg 4).

MEYER (1893):   MEYER, WILHELM: Die Handschriften in Göttingen. Bd. 1. Berlin 1893 (Verzeichnis der Handschriften im preußischen Staate I, Hannover 1).

MILLER/ZIMMERMANN (2007)   MILLER, MATTHIAS / ZIMMERMANN, KARIN: Die Codices Palatini germanici in der Universitätsbibliothek Heidelberg (Cod. Pal. germ. 304–495). Wiesbaden 2007 (Kataloge der Universitätsbibliothek Heidelberg 8).

MINKOWSKI (1963)   MINKOWSKI, HELMUT: Das Ringen im Grüblein. Eine spätmittelalterliche Form des deutschen Leibringens. Schorndorf 1963 (Beiträge zur Lehre und Forschung der Leibeserziehung 16).

MITTLER/WERNER (1986)   MITTLER, ERWIN / WERNER, WILFRIED: Mit der Zeit. Die Kurfürsten von der Pfalz und die Heidelberger Handschriften der Bibliotheca Palatina. Wiesbaden 1986.

MOHLBERG (1934)   MOHLBERG, LEO CUNIBERT: Katalog der Handschriften der Zentralbibliothek Zürich. 1. Mittelalterliche Handschriften. Zürich 1934.

MÜLLER (1987)   MÜLLER, JAN-DIRK: Kaiser Maximilian I. In: ²VL 6 (1987), Sp. 204–236.

MÜLLER (1992)   MÜLLER, JAN-DIRK: Bild – Vers – Prosakommentar. In: HAGEN KELLER (Hrsg.): Pragmatische Schriftlichkeit im Mittelalter. Erscheinungsformen und Entwicklungsstufen. München 1992 (Münstersche Mittelalter-Schriften 65), S. 251–282.

MÜLLER (1994)   MÜLLER, JAN-DIRK: Hans Lecküchners Messerfechtlehre und die Tradition. Schriftliche Anweisungen für eine praktische Disziplin. In: JAN-DIRK MÜLLER (Hrsg.): Wissen für den Hof. Der spätmittelalterliche Verschriftlichungsprozess am Beispiel Heidelberg im 15. Jahrhundert. München 1994 (Münstersche Mittelalter-Schriften 67), S. 355–384.

Münchener Kunstkammer, Die (2008)   Die Münchener Kunstkammer. Bd. 3: Aufsätze und Anhänge. Hrsg. von der Bayerischen Akademie der Wissenschaften. München 2008 (Abhandlungen der phil.-hist. Klasse, N. F. Heft 129).

Muther (1884)   MUTHER, RICHARD: Die deutsche Bücherillustration der Gothik und Frührenaissance (1460–1530). 2 Bde. München/Leipzig 1884.

Natur und Kunst (1995)   AUER, ALFRED / IRBLICH, EVA: Natur und Kunst. Handschriften und Alben aus der Ambraser Sammlung Erzherzog Ferdinands II. (1529–1595). [Ausstellung des Kunsthistorischen Museums und der Österreichischen Nationalbibliothek. Schloß Ambras, Innsbruck 23. Juni – 24. Sept. 1995]. Wien 1995.

Neuerwerbungen (1948)   Katalog »25 Jahre Neuerwerbungen der Österreichischen Nationalbibliothek 1923–1948«. Wien 1948.

NEUMANN (1992)   NEUMANN, HARTWIG: Das Zeughaus. Die Entwicklung eines Bautyps von der spätmittelalterlichen Rüstkammer zum Arsenal im deutschsprachigen Bereich vom XV. bis XIX. Jahrhundert. 2 Bde. Bonn 1992 (Architectura militaris 3–4).

New York Public Library (1971)   The New York Public Library. Astor, Lenox & Tilden Foundations. The Research Libraries. Dictionary Catalog and Shelf List of the Spencer Collection of Illustrated Books and Manuscripts and Fine Bindings. Bd. 2. Boston (Mass.) 1971.

NOVATI (1902)   Fiore dei Liberi: Flos duellatorum in armis, sine armis, equester, pedester. Il Fior di Battaglia. Testo ineditio del 1410. Publ. ed ill. a cura di FRANCESCO NOVATI. Bergamo 1902.

OLDENBOURG (1964)   OLDENBOURG, MARIA CONSUELO: Die Buchholzschnitte des Hans (Leonhard) Schäuffelein. Ein bibliographisches Verzeichnis ihrer Verwendung. 2 Bde. Baden-Baden 1964 (Studien zur deutschen Kunstgeschichte 340/341).

Österreich Tirol (1963)   Österreich Tirol. 1363–1963. [Ausstellung Hofburg Innsbruck Mai bis Oktober 1963]. Innsbruck 1963.

OTTE 1–3 (1986–1993)   OTTE, WOLF-DIETER: Die neueren Handschriften der Gruppe Extravagantes. Teil 1–3. Frankfurt 1986–1993 (Kataloge der Herzog August Bibliothek Wolfenbüttel, N.R. 17–19).

PARTINGTON (1960)   PARTINGTON, JAMES R.: A History of Greek Fire and Gunpowder. Cambridge 1960.

PELLECHET/POLAIN (1897–1909)   PELLECHET, MARIE / POLAIN, MARIE-LOUIS: Catalogue général des incunables des bibliothèques publiques de France. 26 Bände. Paris 1897–1909. Nachdruck Nendeln 1970.

PICCARD   PICCARD, GERHARD: Die Wasserzeichenkartei Piccard im Hauptstaatsarchiv Stuttgart. Bd. 1 ff. Stuttgart 1961 ff (bislang 17 Bde.) (Veröffentlichungen der Staatlichen Archivverwaltung Baden-Würtemberg 1 ff).

PLOSS (1952)   PLOSS, EMIL: Studien zu deutschen Maler- und Färbebüchern des Mittelalters. Diss. masch. München 1952.

PLOSS (1957)   PLOSS, EMIL: Wielands Schwert Mimung und die alte Stahlhärtung. Beiträge zur Geschichte der deutschen Sprache und Literatur (Tübingen) 79 (1957), S. 110–128.

PRIMISSER (1972)   PRIMISSER, ALOIS. Die kaiserlich-königliche Ambraser-Sammlung. Mit neuen Registern von Manfred Kramer. Graz 1972.

PÜLTZ (1973)   Die deutschen Handschriften der Universitätsbibliothek

Erlangen. Neu beschrieben von OTTO PÜLTZ. Hrsg. von
ARMIN DIETZEL und GÜNTHER BAUER. Wiesbaden 1973
(Katalog der Handschriften der Universitätsbibliothek Erlan-
gen. Neubearbeitung. IV).

QUARG (1967)
Conrad Kyeser aus Eichstätt. Bellifortis. Hrsg. von der
Georg-Agricola-Gesellschaft zur Förderung der Geschichte
der Naturwissenschaften und der Technik. Bd. 1: Faksimile-
druck der Pergament-Handschrift Cod. Ms. Philos. 63 der
Niedersächsischen Staats- und Universitätsbibliothek Göttin-
gen. Bd. 2: Umschrift, Übersetzung und Erläuterungen von
Dipl. Ing. GÖTZ QUARG. Düsseldorf 1967.

RASPE (1905)
RASPE, THEODOR: Die Nürnberger Miniaturmalerei bis 1515.
Straßburg 1905 (Studien zur Deutschen Kunstgeschichte 60).

RATHGEN (1928)
RATHGEN, BERNHARD: Das Geschütz im Mittelalter. Neu
hrsg. und eingeleitet von VOLKER SCHMIDTCHEN. Erstmaliger
Reprint der Ausg. Berlin 1928. Düsseldorf 1987.

RDK (1937 ff.)
Reallexikon zur deutschen Kunstgeschichte. Begonnen von
OTTO SCHMITT. Hrsg. vom Zentralinstitut für Kunstgeschichte
München. München 1937 ff.

REHM (2003)
REHM, ULRICH: Floire und Blancheflor. In: RDK 9 (2003),
Sp. 1293–1306.

RENNER (1960)
RENNER, PETER: Das Kriegsbuch Herzog Philipps von Cleve.
Untersuchungen mit besonderer Berücksichtigung und kriti-
scher Ausgabe des Buchs vom Krieg zu Wasser nach den
Handschriften. Diss. masch. Heidelberg 1960.

RESKE (2007)
RESKE, CHRISTOPH: Die Buchdrucker des 16. und 17. Jahrhunderts im deutschen Sprachgebiet. Auf der Grundlage des
gleichnamigen Werkes von Josef Benzing. Wiesbaden 2007
(Beiträge zum Buch- und Bibliothekswesen 5).

RICHTER (1966)
RICHTER, GÜNTER: Christian Egenolffs Erben 1555–1667.
Archiv für Geschichte des Buchwesens 7 (1967), Sp. 449–1130.

ROCKAR (1970)
ROCKAR, HANS-JOACHIM: Abendländische Bilderhandschriften der Forschungsbibliothek Gotha. Gotha 1970 (Veröffentlichungen der Forschungsbibliothek Gotha 14).

ROMOCKI (1895)
ROMOCKI, SIEGFRIED JULIUS VON: Geschichte der Explosiv-
stoffe. Sprengstoffchemie, Sprengtechnik und Torpedowesen.
Mit einer Einführung von MAX JÄHNS. Berlin 1895. Neudruck
2. Aufl. Hildesheim 1983.

ROSENTHAL (1913)
ROSENTHAL, ERWIN: Zu den Anfängen der Holzschnittillu-
stration in Ulm. Monatshefte für Kunstwissenschaft 6 (1913),
S. 185–199, Taf. 38–44.

ROTH (1917):
Die Chroniken der deutschen Städte vom 14. bis ins 16. Jahrhundert. Hrsg. durch die Historische Kommission bei der
Bayerischen Akademie der Wissenschaften. Bd. 32: Augsburg
(7. Band), bearb. von FRIEDRICH ROTH. Leipzig 1917.

ROTHE (1966)
ROTHE, EDITH: Buchmalerei aus 12 Jahrhunderten. Die
schönsten illustrierten Handschriften in den Bibliotheken und

Archiven in Mecklenburg, Berlin, Sachsen und Thüringen. Berlin (Ost) 1966.

RÖTTINGER (1904)   RÖTTINGER, HEINRICH: Hans Weiditz der Petrarkameister. Straßburg 1904 (Studien zur deutschen Kunstgeschichte 50).

RÖTTINGER (1909/10)   RÖTTINGER, HEINRICH: Breu-Studien. Jahrbuch der kunsthistorischen Sammlungen des Allerhöchsten Kaiserhauses 28 (1909/10), S. 31–91.

RUPPRICH (1969)   RUPPRICH, HANS: Dürers schriftlicher Nachlaß. Bd. 3. Berlin 1969.

VON SACKEN (1855)   VON SACKEN, EDUARD FREIHERR: Die K. K. Ambraser Sammlung. Zweiter Theil. Die Kunst- und Wunderkammer und die Bibliothek. Wien 1885.

SAURMA-JELTSCH (2001)   SAURMA-JELTSCH, LIESELOTTE E.: Spätformen mittelalterlicher Buchherstellung. Bilderhandschriften aus der Werkstatt Diebold Laubers in Hagenau. 2 Bde. Wiesbaden 2001.

SAXL (1915)   SAXL, FRITZ: Verzeichnis astrologischer und mythischer illustrierter Handschriften des lateinischen Mittelalters in römischen Bibliotheken. Heidelberg 1915 (Sitzungsberichte der Heidelberger Akademie der Wissenschaften, Philosophisch-historische Klasse, Jg. 1915, 6./7. Abhandlung).

SAXL (1927)   SAXL, FRITZ: Verzeichnis astrologischer und mythischer illustrierter Handschriften des lateinischen Mittelalters. Bd. 2: Die Handschriften der National-Bibliothek in Wien. Heidelberg 1927 (Sitzungsberichte der Heidelberger Akademie der Wissenschaften, Philosophisch-historische Klasse, Jg. 1925/26, 2. Abhandlung).

SCHÄFER (1984)   SCHÄFER, VERENA: Flore und Blancheflur. Epos und Volksbuch. Textversionen und die verschiedenen Illustrationen bis ins 19. Jahrhundert. Ein Beitrag zur Geschichte der Illustration. München 1984 (tuduv-Studien, Reihe Kunstgeschichte 12).

SCHEICHL (1992)   SCHEICHL, ANDREA: Jörg Kölderer, Innsbrucker Hofmaler und Baumeister in Tirol zur Zeit Maximilians I. und Ferdinands I. Diplomarbeit masch. Wien 1992 (Österreichische Nationalbibliothek, Handschriftenabteilung, Sig.: Sep. 3260).

SCHILLING (1929)   SCHILLING, ROSY (Bearb.): Die illuminierten Handschriften und Einzelminiaturen des Mittelalters und der Renaissance in Frankfurter Besitz. Hrsg. von GEORG SWARZENSKI. Frankfurt am Main 1929.

SCHLICHTEGROLL (1817)   SCHLICHTEGROLL, NATHANAEL: Talhofer. Ein Beitrag zur Literatur der gerichtlichen Zweykaempfe im Mittelalter. Mit sechs Tafeln in Steindruck. München 1817.

SCHMELLER (1866)   SCHMELLER, JOHANN ANDREAS: Die deutschen Handschriften der K. Hof- und Staatsbibliothek zu München nach J. A. Schmellers kürzerem Verzeichnis. München 1866 (Catalogus codium manu scriptorum Bibliothecae Regiae Monacensis Tomus V.VI.).

SCHMIDT (1869)   Die Ringer-Kunst des Fabian von Auerswald, erneuert von

G. A. SCHMIDT. Mit einer Einleitung von Karl Wassmanns-dorff. Leipzig 1869.

SCHMIDT (1996)   SCHMIDT, IMKE: Die Bücher aus der Frankfurter Offizin Gülf-ferich-Han, Weigand Han-Erben. Eine literarhistorische und buchgeschichtliche Untersuchung zum Buchdruck in der zwei-ten Hälfte des 16. Jahrhunderts. Wiesbaden 1996 (Wolfenbüt-teler Schriften zur Geschichte des Buchwesens 26).

SCHMIDTCHEN (1977)   SCHMIDTCHEN, VOLKER: Bombarden, Befestigungen, Büchsen-meister. Von den ersten Mauerbrechern des Spätmittelalters zur Belagerungsartillerie der Renaissance. Eine Studie zur Entwicklung der Militärtechnik. Düsseldorf 1977.

SCHMIDTCHEN (1980a)   SCHMIDTCHEN, VOLKER: ›Feuerwerkbuch von 1420‹. In: ²VL 2 (1980), Sp. 728–731.

SCHMIDTCHEN (1980b)   SCHMIDTCHEN, VOLKER: ›Feuerwerker- und Büchsenmeister-bücher‹. In: ²VL 2 (1980), Sp. 731–733.

SCHMIDTCHEN (1981a)   SCHMIDTCHEN, VOLKER: (Pseudo-)Hartlieb, Johannes. In: ²VL 3 (1981), Sp. 497–499.

SCHMIDTCHEN (1981b)   SCHMIDTCHEN, VOLKER: Helm, Franz. In: ²VL 3 (1981), Sp. 973 f.

SCHMIDTCHEN (1982)   SCHMIDTCHEN, VOLKER: Militärische Technik zwischen Tradi-tion und Innovation am Beispiel des Antwerks. Ein Beitrag zur Geschichte des mittelalterlichen Kriegswesens. In: GUN-DOLF KEIL (Hrsg.): *gelêrter der arzenîe, ouch apoteker.* Bei-träge zur Wissenschaftsgeschichte. Festschrift zum 70. Ge-burtstag von Willem F. Daems. Pattensen/Hannover 1982 (Würzburger medizinhistorische Forschungen 24), S. 91–195.

SCHMIDTCHEN (1983)   SCHMIDTCHEN, VOLKER: Kal, Paulus. In: ²VL 4 (1983), Sp. 964–966.

SCHMIDTCHEN (1990)   SCHMIDTCHEN, VOLKER: Kriegswesen im späten Mittelalter. Technik, Taktik, Theorie. Weinheim 1990.

SCHMIDTCHEN/HILS (1985)   SCHMIDTCHEN, VOLKER / HILS, HANS-PETER: Kyeser, Konrad. In: ²VL 5 (1985), Sp. 477–484.

SCHMITT (1979)   SCHMITT, WOLFRAM: Falkner, Peter. In: ²VL 2 (1979), Sp. 707.

SCHMITT (1983)   SCHMITT, WOLFRAM: Hundfeld, Martin. In: ²VL 4 (1983), Sp. 308.

SCHMITT (1983)   SCHMITT, WOLFRAM: Jost von der Neißen. In: ²VL 4 (1983), Sp. 879.

SCHNEIDER (1868)   SCHNEIDER, KARL: Zusammenstellung und Inhalts-Angabe der artilleristischen Schriften und Werke in der Bibliothek Seiner Excellenz des Herrn Feldzeugmeisters Ritter v. Hauslab. In: Mittheilungen über Gegenstände der Artillerie- und Kriegs-Wissenschaften. Hrsg. vom K. K. Artillerie-Comitté. Wien 1868, S. 125–211.

SCHNEIDER (1970. 1973. 1978. 1984. 1991)   Die deutschen Handschriften der Bayerischen Staatsbiblio-thek München. Neu beschrieben von KARIN SCHNEIDER. Cgm 201–350. Wiesbaden 1970; Cgm 351–500. Wiesbaden 1973; Cgm 501–690. Wiesbaden 1978; Cgm 691–867. Wiesbaden

1984; Cgm 888–4000. Wiesbaden 1991 (Catalogus codicum manuscriptorum Bibliothekae Monacensis. Tomus V. Pars II–VI).

SCHNORR VON CAROLS-
FELD (1882/1979) — SCHNORR VON CAROLSFELD, FRANZ: Katalog der Königlichen öffentlichen Bibliothek zu Dresden. Bd. 1. Leipzig 1882. Revidierter Nachdruck Dresden 1979.

SCHRAMM 1–23
(1920–1943/1981 ff.) — Der Bilderschmuck der Frühdrucke. Begründet von ALBERT SCHRAMM, fortgeführt von der Kommission für den Gesamtkatalog der Wiegendrucke. Bd. 1–23. Leipzig 1920–1943. Reprint Stuttgart 1981 ff.

SCHREIBER (1910–1911) — SCHREIBER, WILHELM LUDWIG: Manuel de l'amateur de la gravure sur bois et sur métal au XVe siècle. T. 5: Catalogue des incunables à figures imprimés en Allemagne, en Suisse, en Autriche-Hongrie et en Scandinavie. P. 1–2. Leipzig 1910–1911. Reprint Stuttgart 1969.

SCHREINER (1974) — SCHREINER, KLAUS: Württembergische Bibliotheksverluste im Dreißigjährigen Krieg. Archiv für die Geschichte des Buchwesens 14 (1974), Sp. 655–1028.

SCHREYL (1990) — SCHREYL, KARL HEINZ: Hans Schäufelein. Das druckgraphische Werk. Katalog und Bild- Dokumentation. 2 Bde. Nördlingen 1990.

SCHULZE (2006/2007) — Das lange Schwert. Die hohe Kampfkunst im Mittelalter von Schirmmeister Hans Talhoffer im Gothaer Codex von 1467. Hrsg. von ANDRÉ SCHULZE. 3 Bde. Mainz am Rhein 2006/2007.

SCHÜNEMANN (2005) — SCHÜNEMANN, SILKE: »Florio und Bianceffora« (1499). Studien zu einer literarischen Übersetzung. Tübingen 2005 (Frühe Neuzeit 106).

SIEBMACHER (1856 ff.) — SIEBMACHER, JOHANN: Großes und allgemeines Wappenbuch mit Mehreren neu herausgegeben und mit historischen, genealogischen und heraldischen Notizen begleitet. Nürnberg 1856 ff. [Die Siglen zu den einzelnen zitierten Bänden folgen dem Verzeichnis im Generalindex zu den Siebmacherschen Wappenbüchern von 1605–1961. Bearb. von HANNS JÄGER-SUNSTENAU. Graz 1964, S. 46*f.].

Sigismundus (2006) — Sigismundus. Rex et Imperator. Kunst und Kultur zur Zeit Sigismunds von Luxemburg. Hrsg. von IMRE TAKÁCS [Ausstellungskatalog Budapest / Luxemburg]. Mainz 2006.

SOTZMANN (1844) — SOTZMANN, DANIEL FERDINAND: Ueber ein unbekanntes xylographisches Ringerbuch. Serapeum. Zeitschrift für Bibliothekswissenschaft, Handschriftenkunde und ältere Literatur 5 (1844), S. 32–44.

Splendor (2005) — The Splendor of the Word. Medieval and Renaissance Manuscripts of The New York Public Library. Hrsg. von JONATHAN J. G. ALEXANDER u. a. [Ausstellungskatalog New York]. London / Turnhout 2005.

STAMMLER (1962) — STAMMLER, WOLFGANG: Wort und Bild. Studien zu den Wechselbeziehungen zwischen Schrifttum und Bildkunst im Mittelalter. Berlin 1962.

STANGE (1954) STANGE, ALFRED: Ludwig Schongauer. Maler, Reisser und Kupferstecher. Das Münster 7 (1954), Heft 3/4, S. 82–93.

STRAUSS (1974) STRAUSS, WALTER LEOPOLD: The Complete Drawings of Albrecht Dürer. 6 Bde. New York 1974.

STUDER (1991) STUDER, CHARLES: Das Solothurner Fechtbuch. Solothurn o. J. [1990/91].

STUMMVOLL (1968) STUMMVOLL, JOSEF (Hrsg.): Geschichte der Österreichischen Nationalbibliothek. Teil 1: Die Hofbibliothek (1368–1922). Wien 1968.

TABULAE (1864–1893) Tabulae codicum manu scriptorum praeter graecos et orientales in Bibliotheca Vindobonensi asservatorum. 10 Bde. Wien 1864–1893.

THIEME/BECKER (1907–1950) THIEME, ULRICH/BECKER, FELIX: Allgemeines Lexikon der Bildenden Künstler von der Antike bis zur Gegenwart. Leipzig 1907–1950. Nachdruck Bd. 1–37 Zwickau 1960–1964.

THOMAS/GAMBER (1976) Führer durch das kunsthistorische Museum. Katalog der Leibrüstkammer. 1. Teil: Der Zeitraum von 500–1500 von BRUNO THOMAS und ORTWIN GAMBER. Wien 1976.

THÖNE (1986) THÖNE, FRIEDRICH: Wolfenbüttel. Geist und Glanz einer alten Residenz. München 1968.

UHLHORN (1952) UHLHORN, FRIEDRICH: Reinhard Graf zu Solms. Herr zu Münzenberg 1491–1562. Marburg 1952.

ULMSCHNEIDER (1985) ULMSCHNEIDER, HELGARD: Ludwig von Eyb der Jüngere zum Hartenstein. In: ²VL 5 (1985), Sp. 1006–1015.

UNTERKIRCHER (1957.1959) UNTERKIRCHER, FRANZ: Inventar der illuminierten Handschriften, Inkunabeln und Frühdrucke der Österreichischen Nationalbibliothek. Bd. 1. Wien 1957, Bd. 2. Wien 1959 (Museion. Veröff. der Österr. Nationalbibliothek, N. F. 2.2, 1–2).

UNTERKIRCHER (1959) UNTERKIRCHER, FRANZ (Hrsg.): Maximilian I. 1459–1519 [Ausstellung Österreichische Nationalbibliothek, Graphische Sammlung Albertina, Kunsthistorisches Museum (Waffensammlung). 23. Mai bis 30. September 1959]. Wien 1959.

UNTERKIRCHER (1969–1976) UNTERKIRCHER, FRANZ: Die datierten Handschriften der Österreichischen Nationalbibliothek (Katalog der datierten Handschriften in lateinischer Schrift in Österreich). Bd. 1: Die datierten Handschriften der Österreichischen Nationalbibliothek bis zum Jahre 1400. Wien 1969. Bd. 2: Die datierten Handschriften der Österreichischen Nationalbibliothek von 1401 bis 1450. Wien 1971. Bd. 3: Die datierten Handschriften der Österreichischen Nationalbibliothek von 1451 bis 1500. Wien 1974. Bd. 4: Die datierten Handschriften der österreichischen Nationalbibliothek von 1501 bis 1600. Wien 1976.

UNTERKIRCHER (1984) UNTERKIRCHER, FRANZ: Illuminierte Handschriften aus Tirol in der Österreichischen Nationalbibliothek, mit 45 Tafeln. Das Fenster 34/35 (1984), S. 3372–3418.

VD 16   Verzeichnis der Druckwerke der im deutschen Sprachgebiet erschienenen Drucke des XVI. Jahrhunderts. VD 16. Hrsg. von der bayerischen Staatsbibliothek in Verbindung mit der Herzog August Bibliothek Wolfenbüttel. 25 Bde. Stuttgart 1970–2000.

VAN DER VEKENE   VAN DER VEKENE, EMIL: Kaspar Hochfeder. Ein europäischer Drucker des 15. und 16. Jahrhunderts. Baden-Baden 1974 (Bibliotheca bibliographica Aureliana 52).

VEITSCHEGGER (1991)   VEITSCHEGGER, THOMAS: Das »Buch der Liebe« (1587). Ein Beitrag zur Buch- und Verlagsgeschichte des 16. Jahrhunderts. Mit einem bibliographischen Anhang. Hamburg 1991.

²VL   Die deutsche Literatur des Mittelalters. Verfasserlexikon. [...] Zweite, völlig neu bearbeitete Auflage unter Mitarbeit zahlreicher Fachgelehrter hrsg. von KURT RUH (Bd. 1–8) und BURGHART WACHINGER (Bd. 9–14) zusammen mit GUNDOLF KEIL, KURT RUH (Bd. 9–14), WERNER SCHRÖDER, BURGHART WACHINGER (Bd. 1–8) und FRANZ JOSEF WORSTBROCK. Redaktion: KURT ILLING (Bd. 1), CHRISTINE STÖLLINGER-LÖSER. 14 Bde. Berlin / New York 1977–2008.

VOULLIÉME (1906–1927)   VOULLIÉME, ERNST: Die Inkunabeln der Königlichen Bibliothek (Preussischen Staatsbibliothek) und der anderen Berliner Sammlungen. Leipzig, 1906–1927 (Zentralblatt für Bibliothekswesen. Beiheft 30, 45 und 49).

WALDBURG (1997)   WALDBURG WOLFEGG, CHRISTOPH GRAF ZU (Hrsg.): Das mittelalterliche Hausbuch. Faksimile und Kommentar. München 1997.

WALDBURG (2000)   WALDBURG WOLFEGG, CHRISTOPH GRAF ZU: Der Münchener ›Bellifortis‹ und sein Autor. In: ULRICH MONTAG (Hrsg.): Konrad Kyeser. Bellifortis. Clm 30150. Berlin/München 2000 (Patrimonia 137), S. 21–60.

WASSMANNSDORFF (1870)   Die Ringkunst des deutschen Mittelalters. Mit 119 Ringerpaaren von Albrecht Dürer. Aus den deutschen Fechthandschriften zum 1. Male hrsg. von KARL WASSMANNSDORFF. Leipzig 1870.

WASSMANNSDORFF (1871)   Das um das Jahr 1500 gedruckte erste deutsche Turnbuch neu hrsg. von KARL WASSMANNSDORFF. Mit Zusätzen aus deutschen Fechthandschriften und 17 Zeichnungen von Albrecht Dürer. Heidelberg 1871.

WASSMANNSDORFF (1888)   WASSMANNSDORFF, KARL: Aufschlüsse über Fechthandschriften und gedruckte Fechtbücher des 16. und 17. Jahrhunderts. In einer Besprechung von G. Hergsell, »Talhoffers Fechtbuch aus dem Jahre 1467« mitgeteilt. [Mit einem Nachtrag: Über das sogenannte Lebkhommer'sche Fechtbuch und dessen Verhältnis zu der Breslauer Dürerhandschrift von 1512.] Monatsschrift für das Turnwesen 7 (1888), S. 121–145 [auch als Einzelveröffentlichung: Berlin 1888].

WASSMANNSDORFF (1890)   WASSMANNSDORFF, KARL: Turnen und Fechten in früheren Jahrhunderten. Heidelberg 1890.

WEGENER (1927)   WEGENER, HANS: Beschreibendes Verzeichnis der deutschen Bilderhandschriften in der Heidelberger Universitätsbibliothek. Leipzig 1927.

WEGENER (1928)   WEGENER, HANS: Beschreibendes Verzeichnis der Miniaturen und des Initialschmucks in den deutschen Handschriften bis 1500. Leipzig 1928 (Beschreibende Verzeichnisse der Miniaturen-Handschriften der Preußischen Staatsbibliothek zu Berlin 5).

WEGENER (Katalog)   WEGENER, HANS: Katalog der nachmittelalterlichen Miniatur-Handschriften der Staatsbibliothek Berlin (Typoskript, in der Staatsbibliothek einzusehen).

WEHMER (1955)   WEHMER, CARL: Ne italo cedere videamur. Augsburger Buchdrucker und Schreiber um 1500. In: Augusta 955–1955. Forschungen und Studien zur Kultur- und Wirtschaftsgeschichte Augsburgs. Hrsg. von CLEMENS BAUER. Augsburg 1955, S. 145–172.

WEICHARDT (1933)   WEICHARDT, HERMANN: Ludwig Hohenwang, ein Übersetzer des 15. Jahrhunderts. Diss. phil. Greifswald 1933.

WEIL (1923)   WEIL, ERNST: Der Ulmer Holzschnitt im 15. Jahrhundert. Berlin 1923.

WEIMANN (1980)   WEIMANN, BIRGIT: Die mittelalterlichen Handschriften der Gruppe Manuscripta Germanica. Frankfurt am Main 1980 (Kataloge der Stadt- und Universitätsbibliothek Frankfurt am Main 5, IV).

WELLER (1864–1885/1961)   WELLER, EMIL: Repertorium typographicum. Die deutsche Literatur im ersten Viertel des sechzehnten Jahrhunderts. Im Anschluß an Hains Repertorium und Panzers deutsche Annalen. Nördlingen 1864–1885 (2 Supplemente). Nachdruck Hildesheim 1961.

WESCHER (1931)   Beschreibendes Verzeichnis der Miniaturen – Handschriften und Einzelblätter – des Kupferstichkabinetts der staatlichen Museen Berlin. Im Auftrag des Generaldirektors bearb. von PAUL WESCHER. Leipzig 1931.

WIERSCHIN (1965)   WIERSCHIN, MARTIN: Meister Johann Liechtenauers Kunst des Fechtens. München 1965 (Münchener Texte und Untersuchungen zur Deutschen Literatur des Mittelalters 13).

WILKEN (1817)   WILKEN, FRIEDRICH: Geschichte der Bildung, Beraubung und Vernichtung der alten Heidelbergischen Büchersammlungen. Nebst einem Verzeichniß der aus der pfaelzischen Bibliothek im Vatican an die Universität Heidelberg zurückgegebenen Handschriften. Heidelberg 1817.

WILLE (1903)   WILLE, JAKOB: Die deutschen Pfälzer Handschriften des XVI. und XVII. Jahrhunderts der Universitäts-Bibliothek in Heidelberg. Heidelberg 1903 (Katalog der Handschriften der Universitäts-Bibliothek Heidelberg 2).

WOLF (1996)   WOLF, JÜRGEN: Konrad Bollstatter und die Augsburger Geschichtsschreibung. Die letzte Schaffensperiode. Zeitschrift für deutsches Altertum und deutsche Literatur 125 (1996), S. 51–86.

Württemberg im Spätmittelalter (1985)   Württemberg im Spätmittelalter. Bearb. von JOACHIM FISCHER, PETER AMELUNG und WOLFGANG IRTENKAUF [Ausstellungskatalog Stuttgart]. Stuttgart 1985.

ZAPF (1786)   ZAPF, GEORG WILHELM: Augsburger Buchdruckergeschichte nebst den Jahrbüchern derselben. Teil 1: Vom Jahre 1468–1500. Augsburg 1786.

ZIMMERMANN (2003)   Die Codices Palatini germanici in der Universitätsbibliothek Heidelberg (Cod. Pal. Germ. 1–181) bearb. von KARIN ZIMMERMANN unter Mitwirkung von SONJA GLAUCH, MATTHIAS MILLER und ARMIN SCHLECHTER. Wiesbaden 2003 (Kataloge der Universitätsbibliothek Heidelberg 6).

Register

Die Stellenangaben der folgenden Register verweisen mit recto gesetzten Ziffern auf die laufende Nummer der Handschriftenbeschreibung im Katalog (z. B. 39.1.1.), mit *kursiv* gesetzten Ziffern auf die Seite im Katalog (z. B. *148*). Im Register der Handschriften und im Register der Drucke finden sich zusätzlich Hinweise auf den Abbildungsteil (z. B. Taf. IIIa oder Abb. 99).

1. Handschriften

Sibiu (Hermannstadt), Arhivele Statului
- Ms. Varia II, 374: 39.5.7., 39.19.12; *181, 256, 453 f., 505*
Solothurn, Zentralbibliothek
- S 554: 38.3.7.; Taf. Va; Abb. 25; *1, 35, 36*
Strasbourg, Bibliothèque Nationale et Universitaire
- Ms. 2259: *179, 181, 206*
Stuttgart, Württembergische Landesbibliothek
- Cod. Donaueschingen 863: 38.2.3.; *250, 319*
- Cod. milit. 2° 7a: 39.9.36.; Abb. 139
- Cod. milit. 2° 8: 39.9.37., 39.11.3; Abb. 138; *321, 344, 349, 403*
- Cod. milit. 2° 23: *319, 435*
- Cod. milit. 2° 108: 39.9.38.; *321, 349, 385*
- Cod. milit. 4° 31: 39.5.8.; Taf. XXVa; *255, 256, 265, 267*
- Cod. milit. 4° 43: 39.19.13.; Abb. 180; *454*
- HB XIII 3: *540*

Trier, Stadtbibliothek
- Hs. 1951/1413 4°: *391*

ehem. Vaduz, Sammlung der Fürsten zu Liechtenstein
- N 1–15 s. Hamburg, Dr. Jörn Günther, Kat. Passion of Collecting (Brochure No. 11) 2009, Nr. 13
- 165-5-5 s. Leeds, Royal Armouries, Inv. No. I/34

Washington, Smithsonian Institution Libraries
- Dibner Library, MSS 835 B: 39.9.39.
Weimar, Herzogin Anna Amalia Bibliothek
- Fol 328: 39.6.6., 39.8.3., 39.19.14.; Abb. 117, 118; *236, 277, 282 f., 304–307, 506*
- Fol 329: 39.9.40.; Abb. 140; *189. 321*
- Fol 330: 39.9.41., 39.15.3.; Abb. 141; *315, 321, 323, 426, 428, 430 f., 433*
- Fol 331: 39.9.42.; Abb. 142; *383*
- Fol 352: 39.10.8.; Abb. 153; *391 f., 395, 396–400*
- Q 342: 39.7.6.; Taf. XXVb; Abb. 115; *181 f., 256, 265, 267, 290–292, 295*

- Q 344: 39.9.43.; Abb. 143
- Q 566: *1*
Wien, Albertina, Graphische Sammlung
- Inv. Nr. 26232 (ehem. Codex XXIV.A Fideikommissbibliothek): 38.9.11.; Taf. XV; Abb. 64; *5, 6, 73, 109, 115*
ehem. Wien, Bibliothek Hauslab
- Hs. 3 s. Cambridge (Mass.), Harvard College Library – Houghton Library, MS Typ 320
- s. auch Leeds, Royal Armouries, Inv. No. I/34
Wien, Kunsthistorisches Museum
- KK 5012: 38.1.5., 38.4.2., 38.6.3., 39.3.1.; Taf. IIa; Abb. 6, 28, 29, 62, 63, 64, 73, *75*
- KK 5013: 38.2.4.; Taf. IIb; Abb. 13; *22, 23, 24, 34*
- KK 5014: 39.3.1.; Taf. XVIIIb; Abb. 83; *47, 147, 174, 192, 198, 203, 250*
- KK 5074: 39.20.5.; Abb. 191; *487, 492–494*
- KK 5075: 39.20.6.; Abb. 192; *482, 487, 499*
- KK 5076: 39.20.7.; Abb. 193; *482, 487*
- KK 5126: 38.5.4.; Abb. 33, 34; *6, 64, 69, 70, 109*
- KK 5135: 39.1.11.; Abb. 73, 74; *147, 151, 153 f., 175, 185, 193, 199, 245, 253, 306, 312*
- KK 5342: 38.3.8.; Taf. Vb; Abb. 26; *6, 35, 36, 37, 41, 53, 206, 238*
- KK 5342a: 38.3.8.; *206*
- KK 6562: *206*
- KK 6562B: 39.4.17., 39.5.9.; Abb. 97, 98; *152, 207, 256*
Wien, Liechtenstein Museum, Bibliothek
- Hs. 8 (ehem. Ms. 165-4-2, ehem. Ms. 5-3-46): 39.6.7.; Abb. 109; *277, 283, 285 f., 373*
- Hs. 11 (ehem. Ms. 4-3-11): *318*
- Hs. 16 (ehem. Ms. 165-5-6, ehem. Ms. 4-3-9): 39.9.44.; *289*
- Hs. 37 (ehem. Ms. 41–15-19): *318*
ehem. Wien, Liechtenstein Museum, Bibliothek

2. Drucke

Straßburg: Johann Prüss
- Heinrich Steinhöwel, ›Von den berühmten Frauen‹ 1488: 40a.o.d.; Abb. 204; *526f.*

Ulm: Johann Zainer d. Ä.
- Giovanni Boccaccio, ›De claris mulieribus‹ 1473: *533, 535, 537*
- Heinrich Steinhöwel, ›Von den berühmten Frauen‹ 1473: 40a.o.a.; Abb. 201; *525–527, 529, 531f., 535–537*
- Heinrich Steinhöwel, ›Von den berühmten Frauen‹ um 1474/75: 40a.o.b.; Abb. 202; *526f.*

Verona: Boninus de Boninis
- Roberto Valturio, ›De re militari ‹ 1483: *218*

Verona: Johannes Nicolai de Verona
- Roberto Valturio, ›De re militari‹ 1472: *504, 511*

Wien: Leonhard Formica
- Georg Scherer, ›Eine bewährte Kunst und Wundsegen‹ 1595: *509*
Wien: Hieronymus Vetor
- Andreas Paurenfeindt, Fechtbuch 1516: 38.10.d.; *80*

Wittenberg: Hans Lufft
- Fabian von Auerswald, Ringbuch 1539: 38.10.g.; *16, 122, 143*

Zwickau: Wolfgang Meyerpeck d. Ä.
- ›Büchsenmeysterei‹ 1530: *507*

3. Namen (Schreiber, Illustratoren, Auftraggeber, Besitzer)

5. Ikonographie, Buchschmuck

Rakete 39.9.43., 39.9.46., 39.9.50., 39.9.57.,
39.12.2., 39.12.5., 39.13.1., 39.13.3.,
39.13.4., 39.17.1., 39.19.9., 39.19.19.,
39.19.20.
Rammbock, Ramme 39.3.2., 39.4.1.,
39.4.13., 39.5.3., 39.6.3., 39.7.6., 39.8.3.
Rankenwerk (Hintergrund) 39.3.2.
Rapier s. Kampfarten
Raub
– zwei Gewappnete rauben einen Mann
aus 39.3.1.
Reichsadler 39.3.1.
Rhea Ilia 40a.o.2., 40a.o.b., 40a.o.e.; s. auch
Frauen, berühmte (nach Boccaccio/
Steinhöwel)
Richter 38.9.1.
Ringen s. Kampfarten
Rohr (Feuerwaffe) 39.1.11., 39.2.3., 39.6.3.
Roßfechten s. Kampf- und Waffenarten
Ruinen s. antike Ruinen

Sabina Popea 40a.o.b.; s. auch Frauen, be-
rühmte (nach Boccaccio/Steinhöwel)
Salamander 38.1.2.
Sappho 40a.o.2., 40a.o.b., 40a.o.e.; s. auch
Frauen, berühmte (nach Boccaccio/
Steinhöwel)
Schießanleitung (Schemazeichnung) 39.2.4.
Schiff, Kriegsschiff 39.1.11., 39.3.1., 39.3.2.,
39.4.1., 39.4.4., 39.4.10., 39.4.16.,
39.4.19., 39.4.25., 38.8.3., 39.17.1.,
39.19.5., 39.20.b.
– Flußschiff mit Segel 39.3.2.
– Schiff mit Tretrad 39.3.1.
– Schiff mit Antrieb gegen die Strömung
39.3.2.
– Schiff mit ausfahrbarem Mastkorb
39.3.2.
Schild, Schutzschild 39.4.4., 39.4.5., 39.4.7.,
39.4.14., 39.4.19., 39.7.5., 39.8.1., 39.8.3.,
39.9.32., 39.20.6., 39.20.8., 39.20.10.
– fahrbarer Schild 39.3.1., 39.4.3., 39.4.4.,
39.20.8.
– Setzschild 39.8.3.
– s. auch Buckler; Pavese; Stechschild;
Tartsche
Schirm (militärisch) 39.1.11., 39.3.1.,

39.3.2., 39.4.1., 39.4.4., 39.4.13., 39.4.20.,
39.4.25., 39.5.1., 39.5.4., 39.5.6., 39.5.10.,
39.5.11., 39.6.2., 39.6.3., 39.6.4., 39.7.1.,
39.7.2., 39.7.5., 39.7.6., 38.8.1., 38.8.3.
– abziehbarer Schirm 39.3.2.
– geflochtener und an Seilen verschiebba-
rer Schirm 39.3.2.
– fahrbarer Schirm 39.1.5., 39.4.1., 38.8.3.,
39.20.4.
– Schirmwand als Weidengeflecht 39.3.2.
Schlachtordnung 39.1.3., 39.6.3., 39.6.8.,
39.7.4., 39.9.26., 39.9.39., 39.17.1.,
39.19.3., 39.19.18.
Schlaftrunk 39.3.2.
Schleifgerät 39.8.3.
Schloß (Schließmechanismus) 38.9.4.
Schöpfrad 39.4.1., 39.6.3.
Schraube, archimedische 39.3.2., 38.8.3.
Schraubsystem 39.8.3.
Schriftband 38.3.3., 38.3.5., 38.3.6., 38.3.8.,
38.5.1., 38.5.2., 38.5.3., 38.8.2., 38.9.5.,
38.9.9., 38.5.3., 38.5.4., 38.7.4., 38.7.5.,
38.8.2., 38.9.1., 38.9.2., 39.9.41.
Schrifttafel 38.1.3., 38.8.4.
Schußbahn 39.3.1., 39.3.2., 39.6.1.
Schutzhütten 39.3.1., 39.3.2., 39.4.1., 39.4.13.,
39.6.7., 39.7.1., 39.7.5., 39.7.6., 38.8.3.
– fahrbare Schutzhütte 39.4.1., 39.20.8.
Schwefelöl 39.1.11.
Schwert s. Kampfarten
Schwimmhilfen 38.3.3., 38.3.4., 39.1.9.,
39.2.4., 39.4.4., 39.4.14., 39.5.3., 39.5.4.,
39.6.3., 39.7.6., 39.8.3.
Seil 39.3.2., 39.4.4., 39.20.2.
– Seilrolle, Seilzug 39.4.1., 39.4.2.
Semiamira 40a.o.b.; s. auch Frauen,
berühmte (nach Boccaccio/Steinhöwel)
Semiramis 40a.o.2., 40a.o.a., 40a.o.b.; s.
auch Frauen, berühmte (nach Boccaccio/
Steinhöwel)
Sense s. Kampfarten
Sichel s. Kampfarten
Signal, Lichtsignal 39.3.2.
Silber (Maltechnik) 39.4.12., 39.5.10., 39.6.4.,
39.15.2., 39.15.4., 39.20.5., 39.20.10.
Sophonisba 40a.o.b.; s. auch Frauen, be-
rühmte (nach Boccaccio/Steinhöwel)

Verzeichnis der Tafeln und Abbildungen

Taf. XIV: 38.9.9. Roma, Biblioteca dell'Academia Nazionale dei Lincei e Corsiniana, 44.A.8 (Cors. 1449), 2ᵛ: Widmungsbild (?), Fechtmeister in einem Zimmer sitzend mit Waffen als Wandschmuck.

Taf. XV: 38.9.11. Wien, Albertina, Graphische Sammlung, Inv. Nr. 26232, 29ᵛ [im Bildteil irrtümlich falsche Signaturangabe]. Albrecht Dürer, Fechtbuch: Ringen.

Taf. XVI: 38.9.13. Wolfenbüttel, Herzog August Bibliothek, Cod. Guelf. 83.4 Aug. 8°, 14ʳ [im Bildteil irrtümlich falsche Signaturangabe]. Anonymus, Fechtbuch: Fechten mit dem langen Schwert.

Taf. XVIIa: 39.1.6. München, Bayerische Staatsbibliothek, Cgm 600, 1ᵛ. Anonymus, ›Anleitung Schießpulver zu bereiten, Büchsen zu laden und zu beschießen‹: Qualitätsprobe von Schwefel.

Taf. XVIIb: 39.1.8. Nürnberg, Germanisches Nationalmuseum, Hs 25801, 13ᵛ. Anonymus, Gereimtes Büchsenmeisterbuch: Gegen Ersteigen gesicherte Mauer.

Taf. XVIIIa: 39.1.10. Wien, Österreichische Nationalbibliothek, Cod. 3069, 88ʳ. Anonymus, Büchsenmeisterbuch: Abfüllen von Pulver in Säcke.

Taf. XVIIIb: 39.3.1. Wien, Kunsthistorisches Museum, KK 5014, 45ʳ. Anonymus, ›Kriegs vnnd Pixenwerch‹: In Salpeter- oder Schwefellösung getauchte und an Stöcken aufgewickelte Lunten als Zeitzünder.

Taf. XIXa: 39.3.2. Zürich, Zentralbibliothek, Ms. Rh. hist. 33b, 15ᵛ. Anonymus, Kriegs- und Befestigungskunde, Büchsen- und Pulvermacherei: Beschießen einer Befestigungsanlage mit Fässern.

Taf. XIXb: 39.4.3. Berlin, Staatsbibliothek, Ms. germ. quart. 2041, 146ᵛ. (Pseudo-)Hartlieb, ›Iconismis bellicis‹: Kampf habsburgischer Gewappneter gegen hussitische Kämpfer.

Taf. XXa: 39.4.6. Innsbruck, Tiroler Landesmuseum Ferdinandeum, Cod. 32009, 66ʳ. Konrad Kyeser, ›Bellifortis‹ mit Kontaminationen: Aufblasbare und umschnallbare Schwimmhilfe.

Taf. XXb: 39.4.10. Köln, Historisches Archiv der Stadt Köln, Best. 7020 (W*) 232, 49ʳ. Konrad Kyeser, ›Bellifortis‹: Wasserschöpfen mit zwei gegenläufigen Eimern über eine Welle.

Taf. XXIa: 39.4.14. olim Ramsen, Antiquariat Heribert Tenschert, Kat. XXV, Nr. 21, jetzt Schweiz, Privatbesitz, 11ʳ. (Pseudo-)Hartlieb, ›Iconismis bellicis‹: Einsteigen in eine Burg mit einer Leiter aus mehreren Segmenten.

Taf. XXIb: 39.4.14. olim Ramsen, Antiquariat Heribert Tenschert, Kat. XXV, Nr. 21, jetzt Schweiz, Privatbesitz, 19ʳ. (Pseudo-)Hartlieb, ›Iconismis bellicis‹: Annäherung an eine Burg in einem Graben (unvollendet).

Taf. XXIIa: 39.4.18. Wien, Österreichische Nationalbibliothek, Cod. 2952, 87ᵛ. Anonymer kriegstechnischer Bildkatalog: Provisorisch befestigtes Heerlager zur Belagerung einer Burg.

Taf. XXIIb: 39.4.20. Wien, Österreichische Nationalbibliothek, Cod. 3068, 38ʳ. Konrad Kyeser, ›Bellifortis‹ (Bearbeitung): Offene Küche mit einem nach dem Wind drehenden Kamin.

Taf. XXIII: 39.4.25. Wolfenbüttel, Herzog August Bibliothek, Cod. Guelf. 161 Blankenburg, 210ᵛ/211ʳ. Konrad Kyeser, ›Bellifortis‹ u. a. Bildkataloge: Belagerungsszene.

Taf. XXIVa: 39.5.3. München, Bayerische Staatsbibliothek, Cgm 356, S. 60/61. Johannes Formschneider (?), Büchsenmeisterbuch: Büchse ›Fortuna‹, gegossen von Meister Appenzeller für den König von England.

Taf. XXIVb: 39.5.4. München, Bayerische Staatsbibliothek, Cgm 734, 70^v. Johannes Form-schneider, Büchsenmeisterbuch: Kampfwagen.

Taf. XXVa: 39.5.8. Stuttgart, Württembergische Landesbibliothek, Cod. milit. 4° 31, 36^{2v}/37^r. Johannes Formschneider, Büchsenmeisterbuch (Bearbeitung): Handbetriebene Bohrmaschine für Handbüchsenrohre mit großer Schwungscheibe.

Taf. XXVb: 39.7.6. Weimar, Herzogin Anna Amalia Bibliothek, Q 342, 21^v. Hanns Henntz (?), Rüst- und Büchsenmeisterbuch: Steinbüchse mit einfacher Elevation über Burgun-derlafette, über Seilzug verschiebbar gebettet in einen Kastenrahmen.

Taf. XXVIa: 39.7.2. Gotha, Universitäts- und Forschungsbibliothek Erfurt-Gotha, Chart. B 1032, 90^r. Hans Folz (?), Feuerwerk- und Büchsenmeisterbuch: Drei Legestücke mit Schirmen, angeblich in dieser Aufstellung verwendet vor Wachenheim im Weißenbur-ger Krieg 1471/72.

Taf. XXVIb: 39.8.2. Frankfurt, Stadt- und Universitätsbibliothek, Ms. germ. qu. 14, 38^v. Anonymus, Rüst- und Feuerwerksbuch: Büchsenmeister mit Gehilfen beim Stampfen von Pulver, links über Nockenwelle betriebene mechanische Pulverstampfe.

Taf. XXVIIa: 39.9.23. Kassel, Universitätsbibliothek – Landes- und Murhardsche Biblio-thek, 2° Ms. math. 12, 45^v. Franz Helm, ›Buch von den probierten Künsten‹: Von türki-schen Kriegern angegriffener Turm mit angesetztem Brechzeug in den Fenstergittern.

Taf. XXVIIb: 39.9.30. München, Bayerische Staatsbibliothek, Cgm 3677, 116^r. Franz Helm, ›Buch von den probierten Künsten‹ (Bearbeitung durch Christoph Tegernseer): Büchsenmeister mit Traglicht.

Taf. XXVIIIa: 39.9.35. Nürnberg, Germanisches Nationalmuseum, Hs 97999, 143^v. Franz Helm, ›Buch von den probierten Künsten‹: Zwei Büchsenmeister mit Luntenstock, Feuerkugel und Noppenbecher.

Taf. XXVIIIb: 39.9.56. Wolfenbüttel, Herzog August Bibliothek, Cod. Guelf. 45.5 Aug. 2°, 43^v/44^r. Franz Helm, ›Buch von den probierten Künsten‹: Turm mit angesetztem Brechzeug in einer Schlacht mit zeitgenössischen und antikisierenden Kämpfern.

Taf. XXIXa: 39.9.58. Zweibrücken, Bibliotheca Bipontina, Hs. 18 B, 145^v/146^r. Franz Helm, ›Buch von den probierten Künsten‹: Büchsenmeister beim Richten eines Geschützes.

Taf. XXIXb: 39.16.1. Gotha, Universitäts- und Forschungsbibliothek Erfurt-Gotha, Chart. A 560, S. [37a]. Samuel Zimmermann, ›Dialogus‹, Bearbeitung durch Hans Friedrich Hutzelmann: Feuerwerkschlößchen mit Hydra auf einem Marktplatz.

Taf XXXa: 39.18.3. München, Bayerische Staatsbibliothek, Cgm 8143, 127^v. Friedrich Meyer von Straßburg, Büchsenmeisterbuch: Feuerwerksschlößchen (innerer Aufbau).

Taf XXXb: 39.18.3. München, Bayerische Staatsbibliothek, Cgm 8143, 128^r. Friedrich Meyer von Straßburg, Büchsenmeisterbuch: Feuerwerksschlößchen (Verkleidung).

Taf. XXXIa: 39.20.2. Heidelberg, Universitätsbibliothek, Cod. Pal. germ. 130, 56^r. Ulrich Beßnitzer, Landshuter Zeughausinventar: Zeughausbediensteter beim Verladen eines Fasses auf einen Wagen.

Taf. XXXIb: 39.20.9. Wien, Österreichische Nationalbibliothek, Cod. 10816, 73^r. Inventar des Wiener Zeughauses Kaiser Maximilians I.: Mörser.

Taf. XXXIIa: 39.20.3. München, Bayerische Staatsbibliothek, Cod. icon. 222, 48^v. Bartho-lomäus Freysleben, Altes und neues Kriegszeug, Inventare der Zeughäuser Kaiser Maximilians I.: Großes Legestück ›Leo‹ (nachträglich eingebundener Entwurf).

Taf. XXXIIb: 39.20.10. Wien, Österreichische Nationalbibliothek, Cod. 10824, 106^v. Bar-tholomäus Freysleben, Altes Inventar, Zeug Maximilians, Zeughausinventare: Heer-wagen.

Abb. 1: 38.1.1. Augsburg, Universitätsbibliothek, Cod. I.6.2°5, 23ʳ. Johannes Liechtenauer, ›Kunst des langen Schwerts‹: Zornhau.

Abb. 2: 38.1.1. Augsburg, Universitätsbibliothek, Cod. I.6.2°5, 29ʳ. Johannes Liechtenauer, ›Kunst des langen Schwerts‹: Schilthau.

Abb. 3: 38.1.2. Glasgow, Glasgow Museums, R. L. Scott Collection, E.1939.65.341, 10ʳ. Johannes Liechtenauer, ›Kunst des langen Schwerts‹, in der Bearbeitung von Sigmund Ringeck: Fechten mit dem langen Schwert.

Abb. 4: 38.1.2. Glasgow, Glasgow Museums, R. L. Scott Collection, E.1939.65.341, 42ʳ. Ringerlehre: Ringen und Werfen.

Abb. 5: 38.1.3. Kraków, Biblioteka Jagiellońska, Ms. Berol. germ. quart. 2020, Iᵛ/IIʳ: Kampf Davids gegen Goliath.

Abb. 6: 38.1.5. Wien, Kunsthistorisches Museum, Kunstkammer, KK 5012, 68ᵛ/69ʳ. Peter Falkner, Kampf zu Pferd: Kampf mit der Lanze.

Abb. 7: 38.2.3. Paris, Musée national du Moyen Âge (Musée de Cluny), Cl. 23842 (olim Donaueschingen, Cod. 862), 142ʳ. Ringen.

Abb. 8: 38.2.3. Paris, Musée national du Moyen Âge (Musée de Cluny), Cl. 23842 (olim Donaueschingen, Cod. 862), 180ᵛ. Kampf mit Stechschilden.

Abb. 9: 38.2.2. Kraków, Biblioteka Jagiellońska, Ms. Berol. germ. quart. 16, Iᵛ. Anonymus, ›Gladiatoria‹: Beginn des Kampfes.

Abb. 10: 38.2.2. Kraków, Biblioteka Jagiellońska, Ms. Berol. germ. quart. 16, 55ʳ. Anonymus, ›Gladiatoria‹: Kampf mit dem Messer und dem ungarischen Schild.

Abb. 11: 38.2.5. Wien, Österreichische Nationalbibliothek, Cod. 11093, 1ʳ. Anonymus, ›Gladiatoria‹: Eröffnung des Kampfes mit Lanzen.

Abb. 12: 38.2.5. Wien, Österreichische Nationalbibliothek, Cod. 11093, 37ᵛ. Anonymus, ›Gladiatoria‹: Kampf zu Fuß im Harnisch.

Abb. 13: 38.2.4. Wien, Kunsthistorisches Museum, Hofjagd- und Rüstkammer, KK 5013, 55ᵛ/56ʳ. Anonymus, ›Gladiatoria‹: Festhalten und Töten des Gegners mit dem Dolch.

Abb. 14: 38.2.6. Wolfenbüttel, Herzog August Bibliothek, Cod. Guelf. 78.2 Aug. 2°, 2ʳ: Kampf zwischen einem Mann und einer unbekleideten Frau mit dem langen Schwert.

Abb. 15: 38.2.6. Wolfenbüttel, Herzog August Bibliothek, Cod. Guelf. 78.2 Aug. 2°, 3ʳ: Bloßfechten zu Fuß mit dem langen Schwert.

Abb. 16: 38.3.1. Augsburg, Universitätsbibliothek, Cod. I.6.2°.1, 3ʳ. Hans Talhoffer, Fechtbuch: Einkleidung Leutolds von Königsegg.

Abb. 17: 38.3.1. Augsburg, Universitätsbibliothek, Cod. I.6.2°.1, 24ʳ. Hans Talhoffer, Fechtbuch: Töten des Gegners im gerichtlichen Zweikampf.

Abb. 18: 38.3.2. Berlin, Kupferstichkabinett der Stiftung Preußischer Kulturbesitz, 78 A 15, 76ᵛ. Hans Talhoffer, Fechtbuch: Tötung des Gegners im gerichtlichen Zweikampf mit Stechschild und Schwert.

Abb. 19: 38.3.3. Gotha, Universitäts- und Forschungsbibliothek Erfurt-Gotha, Chart. A 558, 54ᵛ. Hans Talhoffer, Fechtbuch: Musikszene im Kampfring.

Abb. 20: 38.3.4. København, Kongelike Bibliotek, Thott 290 2°, 11ʳ. Hans Talhoffer, Fechtbuch: Autorbildnis Talhoffers.

Abb. 21: 38.3.4. Königseggwald, Gräfl. Schloß, Hs. XIX, 17-3, S. 18. Hans Talhoffer, Fechtbuch: Hans Talhoffer rüstet Leutold von Königsegg.

Abb. 22: 38.3.5. Königseggwald, Gräfl. Schloß, Hs. XIX, 17-3, S. 121. Hans Talhoffer, Fechtbuch: Leutold von Königsegg und Hans Talhoffer zu Pferd.

Abb. 45: 38.8.1. Augsburg, Stadtarchiv, Reichsstadt, Schätze 82, 48ʳ. Antonius Rast, Fechtbuch, in der Bearbeitung Mairs: Bloßfechten zu Fuß mit dem langen Schwert.

Abb. 46: 38.8.2. Augsburg, Universitätsbibliothek, Cod. I.6.2°4, 1ʳ: Fechterwappen.

Abb. 47: 38.8.2. Augsburg, Universitätsbibliothek, Cod. I.6.2°4, 19ʳ. Paulus Hector Mair (?), Fechtbuch: Zornhau.

Abb. 48: 38.8.3. Dresden, Sächsische Landesbibliothek – Staats- und Universitätsbibliothek, Mscr. C 93, 214ʳ. Paulus Hector Mair, Fechtbuch: Fechten mit der Sense.

Abb. 49: 38.8.3. Dresden, Sächsische Landesbibliothek – Staats- und Universitätsbibliothek, Mscr. C 93, 236ʳ. Paulus Hector Mair, Fechtbuch: Fechten mit der Sichel.

Abb. 50: 38.8.4. Wien, Österreichische Nationalbibliothek, Cod. 10826, 214ᵛ. Paulus Hector Mair, Fechtbuch: knieender Gewappneter mit gefalteten Händen von unter einem von einer Stange hochgehaltenem Überwurf.

Abb. 51: 38.9.1. Augsburg, Universitätsbibliothek, Cod. I.6.4°2, 21ʳ. Fechtbuch: Fechten mit dem langen Schwert.

Abb. 52: 38.9.1. Augsburg, Universitätsbibliothek, Cod. I.6.4°2, 96ʳ. Vermischtes Kampfbuch: Kampffechten nach schwäbischem Recht.

Abb. 53: 38.9.3. Berlin, Staatsbibliothek Preußischer Kulturbesitz, Libr. pict. A 83, 3ᵛ. Anonymus, Fechtbuch: ein Ungewappneter präsentiert einem Gewappneten einen Beutel und eine geöffnetes Kistchen mit einem Zylinder, auf den jener mit einem Holzhammer einschlägt.

Abb. 54: 38.9.8. Leeds, Royal Armouries, I. 33 (olim Gotha, Memb. I 115), 4ʳ. Anonymus, Fechtbuch: Kampf mit Buckler und Schwert zwischem einem Kleriker und seinem Schüler.

Abb. 55: 38.9.12. Wien, Österreichische Nationalbibliothek, Cod. 5278, 174ʳ. Fiore Furlan dei Liberi da Premariacco, ›Flos duellatorum‹: Kampf Ungewappneter zu Pferd mit Lanze und langem Schwert.

Abb. 56: 38.9.12. Wien, Österreichische Nationalbibliothek, Cod. 5278, 196ʳ. Fiore Furlan dei Liberi da Premariacco, ›Flos duellatorum‹: Ringen und Kampf Ungewappneter zu Fuß mit dem langen Schwert.

Abb. 57: 38.9.9. Roma, Biblioteca dell'Academia Nazionale dei Lincei e Corsiniana, 44.A.8 (Cors. 1449), 1ʳ: Bloßfechten mit dem langen Schwert.

Abb. 58: 38.9.4. Erlangen, Universitätsbibliothek, B 26, 31ʳ. Ludwig von Eyb, Kriegsbuch: Bloßfechten zu Fuß mit dem Dolch.

Abb. 59: 38.9.5. Glasgow, Glasgow Museums, R. L. Scott Collection, E. 1939.65.354 (olim Harburg, Öttingen-Wallerstein, Cod. I.6.4°4), 12ᵛ. Fechten mit dem langen Schwert.

Abb. 60: 38.9.5. Glasgow, Glasgow Museums, R. L. Scott Collection, E. 1939.65.354 (olim Harburg, Öttingen-Wallerstein, Cod. I.6.4°4), 105ᵛ. Ringen.

Abb. 61: 38.9.6. Göttingen, Niedersächsische Staats- und Universitätsbibliothek, 2° Cod. Ms. philos. 62, 3ʳ. Fabian von Auerswald, Ringerkunst: Autorporträt.

Abb. 62: 38.9.6. Göttingen, Niedersächsische Staats- und Universitätsbibliothek, 2° Cod. Ms. philos. 62, 31ᵛ. Fabian von Auerswald, Ringerkunst: Ringen.

Abb. 63: 38.9.7. Graz, Universitätsbibliothek, Ms. 963, 1ᵛ [im Bildteil irrtümlich falsche Blattangabe]. Hans Czynner, Fechtbuch: Fechten im vollen Harnisch mit dem langen Schwert.

Abb. 64: 38.9.11. Wien, Albertina, Graphische Sammlung, Inv. Nr. 26232, 74ʳ. Albrecht Dürer, Fechtbuch: Messerfechten.

Abb. 85: 39.4.1. Basel, Universitätsbibliothek, L II 22, 11ᵛ. Zeichnung eines Krans.

Abb. 86: 39.4.1. Basel, Universitätsbibliothek, L II 22, 43ᵛ/44ʳ. Bildkatalog, überwiegend aus Konrad Kyeser, ›Bellifortis‹: Hebezeug zur Beförderung eines schweren Geschützes auf einen Berg.

Abb. 87: 39.4.2. Berlin, Staatsbibliothek, Ms. germ. quart. 621, 58ᵛ. Anonymer Bildkatalog: Strickleiter und Steigbaum mit Seilaufzug per Handkurbel.

Abb. 88: 39.4.4. Colmar, Bibliothèque Municipale, Ms. 491, 52ᵛ. Konrad Kyeser, ›Bellifortis‹ (lateinisch-deutsche Bearbeitung): Dampfbad.

Abb. 89: 39.4.6. Innsbruck, Tiroler Landesmuseum Ferdinandeum, Cod. 32009, 68ᵛ. Konrad Kyeser, ›Bellifortis‹ mit Kontaminationen‹: Doppelter Angelhaken (Blinker) aus poliertem Metall.

Abb. 90: 39.4.7. Karlsruhe, Badische Landesbibliothek, Cod. Durlach 11, 139ʳ. Konrad Kyeser, ›Bellifortis‹ (Bearbeitung): Speisezimmer mit beheizbarer Wandvertiefung zum Warmhalten der Speisen.

Abb. 91: 39.4.10. Köln, Historisches Archiv der Stadt Köln, Best. 7020 (W*) 232, 4ʳ. Konrad Kyeser, ›Bellifortis‹: Planetenbild Mars.

Abb. 92: 39.4.12. New York, Public Library, Spencer Collection, Ms. 58, 59ᵛ. Konrad Kyeser, ›Bellifortis‹: Taucheranzug.

Abb. 93: 39.4.12. New York, Public Library, Spencer Collection, Ms. 58, 67ʳ. Konrad Kyeser, ›Bellifortis‹: Palastaula mit Feuerstelle und Anleitung für aromatisierten Rauch.

Abb. 94: 39.4.13. New York, Public Library, Spencer Collection, Ms. 104, 121ʳ. Konrad Kyeser, ›Bellifortis‹: Reitender Wächter, beistehend Rezepte zum Schläfrigmachen und Wachhalten von Wächtern.

Abb. 95: 39.4.13. New York, Public Library, Spencer Collection, Ms. 104, 140ʳ. Bildkatalog Hebezeug und Büchsen mit Beischriften: Fahrbarer Kran.

Abb. 96: 39.4.16. Roma, Città del Vaticano, Bibliotheca Apostolica Vaticana, Cod. Pal. lat. 1994, 66ᵛ. Konrad Kyeser, ›Bellifortis‹: Öffnung eines Burgtors.

Abb. 97: 39.4.17. Wien, Kunsthistorisches Museum, KK 6562B, 9ʳ. Konrad Kyeser, ›Bellifortis‹: Streitwagen ›Ochsenhorn‹.

Abb. 98 39.4.17. Wien, Kunsthistorisches Museum, KK 6562B, 15ʳ. Anonymus, Büchsenmeisterbuch: Tannenzapfen, Brechzeug, Steighilfen.

Abb. 99: 39.4.19. Wien, Österreichische Nationalbibliothek, Cod. 3062, 60ʳ. (Pseudo-) Johannes Hartlieb, ›Iconismis bellicis‹: Belagerung einer Burg durch einen Kampfwagen, der mit Mauerkralle und Seilzug an die Mauern herangeführt wird; links Turmwindmühle mit Antrieb zum Lastentransport über Steigungen.

Abb. 100: 39.4.23. Wien, Österreichische Nationalbibliothek, Cod. 5518, 1ʳ. Anonymer Bildkatalog: Fußgetriebene Mühle mit Antrieb über Schwengel, Kurbelwelle mit Schwungrad und Zapfenrad.

Abb. 101: 39.4.25. Wolfenbüttel, Herzog August Bibliothek, Cod. Guelf. 161 Blankenburg, 138ʳ. Büchsenmeisterbuch: Oben Karrenbüchse, unten transportables Bassin für Fische.

Abb. 102: 39.5.2. München, Archiv des Deutschen Museums, Hs. 1949–258, 66ʳ. Johannes Formschneider (?), Büchsenmeisterbuch: Oben Mörser, unten Tarrasbüchse.

Abb. 103: 39.5.2. München, Archiv des Deutschen Museums, Hs. 1949–258, 69ᵛ. Johannes Formschneider (?), Büchsenmeisterbuch: Karrenbüchse mit seitlich angebrachten Munitionskisten.

Abb. 120: 39.9.8. Berlin, Staatsbibliothek, Ms. germ. fol. 1288, 143ᵛ. Franz Helm, ›Buch von den probierten Künsten‹: Sturmbrett, Sturmblock und Fußangeln.

Abb. 121: 39.9.9. Coburg, Landesbibliothek, Ms. Cas. 39, 227ᵛ. Franz Helm, ›Buch von den probierten Künsten‹: Quadranten.

Abb. 122: 39.9.10. Coburg, Landesbibliothek, Ms. Cas. 40, IIʳ. Franz Helm, ›Buch von den probierten Künsten‹: Titelblatt.

Abb. 123: 39.9.10. Coburg, Landesbibliothek, Ms. Cas. 40, 142ᵛ. Franz Helm, ›Buch von den probierten Künsten‹: Sturmblock und Fußangeln.

Abb. 124: 39.9.11. Darmstadt, Universitäts- und Landesbibliothek, Hs 291, 102ʳ. Franz Helm, ›Buch von den probierten Künsten‹: Legestück mit Gußzier und Kugelvorrat.

Abb. 125: 39.9.15. Gotha, Universitäts- und Forschungsbibliothek Erfurt-Gotha, Chart. A 569, 83ʳ. Franz Helm, ›Buch von den probierten Künsten‹: Brandsetzung einer Stadt mit Hilfe von Tieren mit Brandsätzen.

Abb. 126: 39.9.16. Gotha, Universitäts- und Forschungsbibliothek Erfurt-Gotha, Chart. B 427, 87ʳ. Franz Helm, ›Buch von den probierten Künsten‹ (Bearbeitung): Oben Geschützrohr mit Visierlinie, unten Zirkel.

Abb. 127: 39.9.17. Göttingen, Niedersächsische Staats- und Universitätsbibliothek, 2° Cod. Ms. philos. 65, 158ʳ. Franz Helm, ›Buch von den probierten Künsten‹: Büchsenmeister beim Laden eines Geschützes.

Abb. 128: 39.9.18. Heidelberg, Universitätsbibliothek, Cod. Pal. germ. 128, 182ᵛ/183ʳ. Franz Helm, ›Buch von den probierten Künsten‹: Büchsenmeister beim Richten eines Geschützes nach dem Augenmaß.

Abb. 129: 39.9.20. Karlsruhe, Badische Landesbibliothek, Cod. Rastatt 14, 154ʳ. Franz Helm, ›Buch von den probierten Künsten‹: Büchsenmeister beim Richten eines Geschützes nach dem Augenmaß.

Abb. 130: 39.9.21. Kassel, Universitätsbibliothek – Landes- und Murhardsche Bibliothek, 2° Ms. math. 10, 137ʳ. Franz Helm, ›Buch von den probierten Künsten‹, Bearbeitung: Büchsenmeister mit Geschütz.

Abb. 131: 39.9.22. Kassel, Universitätsbibliothek – Landes- und Murhardsche Bibliothek, 2° Ms. math. 11, 160ᵛ. Franz Helm, ›Buch von den probierten Künsten‹: Quadranten.

Abb. 132: 39.9.24. Marburg, Universitätsbibliothek, Mscr. 77, 28ʳ. Franz Helm, ›Buch von den probierten Künsten‹: Brechzeug.

Abb. 133: 39.9.26. München, Bayerische Staatsbibliothek, Cgm 3671, 54ᵛ. Franz Helm, ›Buch von den probierten Künsten‹ (14-Kapitel-Fassung): Raketenhalter.

Abb. 134: 39.9.27. München, Bayerische Staatsbibliothek, Cgm 3672, 213ᵛ. Franz Helm, ›Buch von den probierten Künsten‹: Quadrant mit Künstlerwappen und -monogramm (?).

Abb. 135: 39.9.29. München, Bayerische Staatsbibliothek, Cgm 3676, S. 309. Franz Helm, ›Buch von den probierten Künsten‹ (Bearbeitung durch Christoph Tegernseer): Schlag- und Mordfeuer.

Abb. 136: 39.9.32. München, Bayerische Staatsbibliothek, Cgm 3680, 2ʳ. Franz Helm, ›Buch von den probierten Künsten‹, Bearbeitung durch Christoph Tegernseer: Landsknecht vor Feldlager (Eröffnungsbild).

Abb. 137: 39.9.34. Nürnberg, Germanisches Nationalmuseum, Hs 27772, 205ʳ. Franz Helm, ›Buch von den probierten Künsten‹: Büchsenmeister beim Laden eines Feldgeschützes.

Abb. 138: 39.9.37. Stuttgart, Württembergische Landesbibliothek, Cod. milit. 2° 8, 183ᵛ/184ʳ. Franz Helm, ›Buch von den probierten Künsten‹: Heerzug.

Abb. 157: 39.12.3. Nürnberg, Staatsarchiv, Nürnberger Amts- und Standbücher Nr. 127, 72ʳ. Caspar Brunner, ›Zeughausordnung‹: Feuerkugel mit Schlägen.

Abb. 158: 39.13.3. Wien, Österreichische Nationalbibliothek, Cod. 10866, 38ᵃᵛ. Leonhart Fronsperger, ›Bedenckhen von Geschütz‹: Feuerkugel mit Raketenantrieb, Stabilisierung der Flugbahn durch gewundene Pulvergänge und Tuchummantelung.

Abb. 159: 39.13.4. Wien, Österreichische Nationalbibliothek, Cod. 10922, 30ʳ. Leonhart Fronsperger, Lustfeuerwerkerei: Feuerwerker beim Entzünden eines Feuerrades.

Abb. 160: 39.14.1. Darmstadt, Universitäts- und Landesbibliothek, Hs 745, 241ᵛ/242ʳ. Reinhard Graf zu Solms, Kriegsordnungen (3. und 4. Buch): Befestigtes Heerlager.

Abb. 161: 39.14.3. München, Bayerische Staatsbibliothek, Cgm 3663, 120ᵛ. Reinhart Graf zu Solms, Konrad von Bemelberg, ›Kriegsmemorial‹: Kriegsrat vor dem Hintergrund einer Stadtansicht von Lich.

Abb. 162: 39.15.4. Wien, Österreichische Nationalbibliothek, Cod. 10895, 37ᵃᵛ/37ᵇʳ. Andre Popffinger, ›Kunstbuch von Artillerie‹: Büchsenmeister beim Abfeuern eines Mörsers.

Abb. 163: 39.15.5. Wien, Österreichische Nationalbibliothek, Cod. 10917, 68ʳ. Andre Popffinger, ›Kunstbuch von Artillerie‹: Hebezeug für ein Zeughaus.

Abb. 164: 39.16.1. Gotha, Universitäts- und Forschungsbibliothek Erfurt-Gotha, Chart. A 560, S. [23a]. Samuel Zimmermann, ›Dialogus‹, Bearbeitung durch Hans Friedrich Hutzelmann: Panorama einer Belagerung einer Festung.

Abb. 165: 39.16.2. Gotha, Universitäts- und Forschungsbibliothek Erfurt-Gotha, Chart. A 561, S. 256. Samuel Zimmermann, ›Dialogus‹, Bearbeitung durch Hans Friedrich Hutzelmann: Pulverstampfe.

Abb. 166: 39.16.3. München, Bayerische Staatsbibliothek, Cgm 957, 1ᵛ. Samuel Zimmermann, ›Dialogus‹: Büchsenmeister und Feuerwerker.

Abb. 167: 39.16.4. Wien, Österreichische Nationalbibliothek, Cod. 10726, innerer Vorderdeckel. Samuel Zimmermann, ›Dialogus‹: Büchsenmeister und Feuerwerker.

Abb. 168: 39.17.2. Dresden, Sächsische Landesbibliothek – Staats- und Universitätsbibliothek, C 363, 166ʳ. Veitt Wolff von Senfftenberg, ›handtbiechlin vnd ausszug von meinen erfindungen‹: Kriegsrat bei der Lektüre des ›handtbiechlin‹.

Abb. 169: 39.17.2. Dresden, Sächsische Landesbibliothek – Staats- und Universitätsbibliothek, C 363, 76ʳ. Veitt Wolff von Senfftenberg, ›handtbiechlin vnd ausszug von meinen erfindungen‹: Mörser ›Elephant‹.

Abb. 170: 39.18.1. Kassel, Universitätsbibliothek – Landes- und Murhardsche Bibliothek, 2° Ms. math. 4, Bd. 2, 22ʳ. Anonymus, Salpeter- und Pulverbereitung: Pulverstampfe mit kreisförmig angeordneten Stempeln und aufgedecktem Antriebsmechanismus.

Abb. 171: 39.18.2. München, Bayerische Staatsbibliothek, Cgm 8112, 73ʳ. Friedrich Meyer von Straßburg, Büchsenmeisterbuch: Links Rakete in Einzelteilen, rechts Gewappneter im Kampf gegen einen Türken mit Feuerlanze.

Abb. 172. 39.19.3. Berlin, Staatsbibliothek, Ms. boruss. fol. 441, 149ᵛ/150ʳ. Albrecht der Ältere von Brandenburg, ›Kriegsordnung‹: Schlachtaufstellung für 38000 Mann aus der Vogelperspektive.

Abb. 173: 39.19.4. Berlin, Staatsbibliothek, Ms. germ. fol. 94, 107ᵛ. Anonymus: Rüst- und Feuerwerkbuch: Rat und Kriegsleute vor einer Befestigungsanlage (Eröffnungsbild).

Abb. 174: 39.19.5. Berlin, Staatsbibliothek, Ms. germ. fol. 1129, 31ᵛ. Anonymus, ›Buch von Buchsenmaysterey vnd Geometria‹: Antriebstechnik.

Abb. 175: 39.19.7. Dresden, Sächsische Landesbibliothek – Staats- und Universitätsbibliothek, C 114, 14ᵛ/15ʳ. Anonymus, ›Buch von der Arttlarey‹: Anwendung der schritt-

Abb. 193: 39.20.7. Wien, Kunsthistorisches Museum, KK 5076, 3ʳ. Bartholomäus Freisleben, Zeughäuser Maximilians: Hauptstück ›Kunigin‹ aus dem Breisacher Zeughaus.

Abb. 194: 39.20.9. Wien, Österreichische Nationalbibliothek, Cod. 10816, 109ʳ. Inventar des Innsbrucker Zeughauses Kaiser Maximilians I.: Armbrustschütze mit Zubehör zu Armbrüsten, Stapel mit Bolzen sowie Kiste und Faß mit vorgefertigten Bolzenspitzen.

Abb. 195: 39.20.11. Zürich, Zentralbibliothek, Ms. A 77, 326ʳ. Verzeichnis der von den Eidgenossen im Schwabenkrieg gewonnenen Feld- und Positionsgeschütze: Große Steinbüchse (Kartaune) mit Besitzerwappen, von den Eidgenossen zu Dornach am Marien Magdalenentag 1499 vom schwäbischen Bundesheer erbeutet.

Abb. 196: 39.20.12. Zürich, Zentralbibliothek, Ms. A 89, 109ᵛ/110ʳ. Verzeichnis der von den Eidgenossen im Schwabenkrieg gewonnenen Feld- und Positionsgeschütze: Feldgeschütz in Burgunderlafette (halbe Schlange), von den Eidgenossen am Maria Magdalenentag 1499 vor Dornach gewonnen, darauf Wappen der Vorbesitzer Österreich und Sachsen.

Abb. 197: 40.1.2. Heidelberg, Universitätsbibliothek, Cod. Pal. germ. 362, 26ʳ. ›Flore und Blancheflur‹: Flores Eltern; Flore und Blancheflur auf der Minneburg.

Abb. 198: 40.1.2. Heidelberg, Universitätsbibliothek, Cod. Pal. germ. 362, 35ʳ. ›Flore und Blancheflur‹: Blancheflur fällt in Flores Schoß in Ohnmacht.

Abb. 199: 40.2.b. Metz: Kaspar Hochfeder, 1500 (München, Bayerische Staatsbibliothek, 2 Inc.c.a. 3887), 11ᵛ. ›Flore und Blancheflur‹: König Fenix mit Flore und Blancheflur; der Lehrer Racheo beobachtet die beiden.

Abb. 200: 40a.0.2. New York, The New York Public Library, Spencer Collection, Ms. 105, 48ʳ. Heinrich Steinhöwel, ›Von den berühmten Frauen‹: Tod der Procris.

Abb. 201: 40a.0.a. Ulm: Johann Zainer [1473] (München, Bayerische Staatsbibliothek, Rar. 704), CXXXIIIIʳ. Heinrich Steinhöwel, ›Von den berühmten Frauen‹: Die Päpstin Johanna.

Abb. 202: 40a.0.b. Ulm: Johann Zainer [um 1474–1475] (Berlin, Staatliche Museen Preußischer Kulturbesitz, Kupferstichkabinett, Ink. 130 bl. [Sign. 2633]), 7ᵛ. Heinrich Steinhöwel, ›Von den berühmten Frauen‹: Nicostrata / Carmenta als Lehrerin von Schrift und Sprache; Tod der Procris.

Abb. 203: 40a.0.c. Augsburg: Anton Sorg, 1474 (München, Bayerische Staatsbibliothek, 2 Inc.c.a. 828), 35ʳ [moderne Foliierung 43ʳ]. Heinrich Steinhöwel, ›Von den berühmten Frauen‹: Nicostrata / Carmenta als Lehrerin von Schrift und Sprache.

Abb. 204: 40a.0.d. Straßburg: Johann Prüss, 1488 (Basel, Universitätbibliothek, AL IV 16), XVIʳ. Heinrich Steinhöwel, ›Von den berühmten Frauen‹: Medea.

Abb. 205: 40a.0.e. Augsburg: Heinrich Steiner, 1541 (Basel, Universitätsbibliothek, A P I 37 [2]), 66ᵛ. Heinrich Steinhöwel, ›Von den berühmten Frauen‹: Christus und die erythräische Sibylle.

Abb. 206: 41.0.1. Heidelberg, Universitätsbibliothek, Cod. Pal. germ. 345, 253ᵛ. ›Friedrich von Schwaben‹: Jerome und Friedrich.

Abb. 207: 41.0.1. Heidelberg, Universitätsbibliothek, Cod. Pal. germ. 345, 287ʳ. ›Friedrich von Schwaben‹: Friedrich stiehlt Angelburg, Malmelon und Salme die Kleider.

Abb. 208: 42.0.1. Karlsruhe, Badische Landesbibliothek, Cod. Donaueschingen 86, IIᵛ. Konrad von Stoffeln, ›Gauriel von Muntabel‹: Gauriel (Titelminiatur).

TAFELN UND ABBILDUNGEN